Flower A. Newh



CHRISTA GÖRNER
10/88

Flower A. Newhouse

# Schlüssel zum inneren Wachstum

Aquamarin Verlag

*Titel der amerikanischen Originalausgabe*
Disciplines of the Holy Quest



*Übersetzung aus dem Amerikanischen*
Petra Michel

Das Titelbild zeigt ein Gemälde
von Friedrich Hechelmann

1. Auflage 1987

Voglherd 1, D-8018 Grafing

Druck: Wiener Verlag, Himberg
Herstellung: Jürgen Mayer KG

ISBN 3-922936-63-6

# Inhaltsverzeichnis

*VORWORT*

*"Denn Gott ist mein Zeuge, dem ich in meinem Geiste diene an der Frohbotschaft von seinem Sohn."* (Röm. 1.9)

Als Kind sah ich Farben, Formen und Wesenheiten, die andere nicht wahrnahmen. Im Alter von sechs Jahren erkannte ich, daß meine Familie und meine Spielgefährten keine außersinnliche Wahrnehmung besaßen. Diese Entdeckung bestürzte mich und ließ mich in der Folge nicht mehr zu anderen Menschen über die Lebensbereiche und Bilder reden, die in den höheren Welten alltäglich sind.

Als junges Mädchen vernahm ich jedoch eine unmißverständliche Anweisung aus meinem Innersten heraus, erneut über diese heiligen Wirklichkeiten zu sprechen. Einigen Menschen teilte ich so zwar die Worte mit, sie verstanden jedoch nicht. Viele allerdings hörten voller Eifer und Freude zu, denn die Lehren, die mir bei vollem Bewußtsein geschenkt wurden, besaßen Bedeutung und Wert für diese Suchenden. Die meisten aus jener Gruppe, die geöffnete Herzen besaßen, gehen noch immer den Weg mit uns gemeinsam. Ihnen und uns wurde durch die Lehren jener weisen und mächtigen Seelen ein höherer Sinn und eine größere Schönheit des Lebens geschenkt.

Während ich diese Lehren erhielt, beobachtete ich den Meister und nahm Seine Gedanken auf, indem diese in meinen Verstand eingeprägt wurden. Große Seelen geben ihre Wünsche mittels telepathischer Gedankenübertragung weiter. Die Saatgedanken werden in ein aufnahmefähiges Bewußtsein übertragen, wo diese dann in die Sprache und das Vokabular des Jüngers übersetzt werden.

Wie wichtig ist es doch für die Menschheit zu erkennen, daß die Meisterschaft nicht nur von einer einzelnen Seele erlangt zu werden vermag. Die Meisterschaft wurde sowohl vor als auch nach

Christi Geburt von würdigen Kandidaten errungen. Unser Herr ist der Herr der Engel und Menschen, und er ist der Hierarch des Christus-Amtes. Aber das Ziel der Evolution weist darauf hin, daß *jedes* Individuum ein Anwärter für die Meisterschaft ist. Ja, die Meisterschaft wurde bereits von einer langsam anwachsenden Schar vollendeter Wesen erworben. Ein paar dieser Individuen führen ein segensreiches, jedoch zurückgezogenes Leben auf Erden. Andere dienen göttlichen Plänen in höheren Dimensionen. Immer stehen uns jene zur Seite, die um die Menschheit und ihr dringendes Bedürfnis nach Erlösung und Vervollkommnung bemüht sind. Meister mit dieser Aufgabe halten nach Menschen Ausschau, bei denen sich Zeichen spirituellen Erwachens zeigen. Sie wählen Jünger aus, die eine unbeirrbare Integrität aufweisen, und von Ehrfurcht, Empfänglichkeit und Demut erfüllt sind. Diese charakterliche Kombination, verbunden mit einem mutigen Geist, bildet die natürliche Grundlage für spirituellen Dienst.

Die folgenden Kapitel sprechen für sich selbst. Sie beschreiben einige der erregenden Erfahrungen und herausfordernden Bedingungen, denen der ernsthafte Aspirant auf seinem Weg zur Jüngerschaft und geistigen Gehorsamkeit begegnet. Hier finden sich detaillierte und klare Vorschläge für ein schöpferisches, Gott zugewandtes Leben. Diese Passagen wurden einem umfangreichen Manuskript entnommen. Wir sind uns der Heerscharen von Wesenheiten gewiß, die nach dem lebendigen Licht jener Seelen Ausschau halten, die den irdischen Bedürfnissen entwachsen sind. Für diese zahlreichen wahrheitshungrigen Menschen besitzt der *Schlüssel zum inneren Wachstum* einen tiefen Wert.

Dieses Buch wurde als Lehrmaterial für sorgfältige Studien geschrieben, die mit dem ernsthaften Wunsch des Lesers einhergehen müssen, die Lehren auf das tägliche Leben anzuwenden. Wissensanhäufung *ohne innere Verarbeitung* führt oftmals zu wirkungsloser Belastung des Verstandes. Diese Kapitel verstehen sich als Hilfe für den ernsthaften Sucher, um zu einem bewußten, hingebungsvollen Träger des Lichtes im Dienste Christi zu werden, dem Herrn, dessen Spuren wir nachfolgen.

Wir, die wir diese Anweisung täglich versuchen umzusetzen, erfreuen uns einer zunehmenden Offenbarung der Wunder der Schöpfung und einer wachsenden Erkenntnis der Wahrheit, die wir mit Menschen auf dem Gipfel der Meisterschaft teilen dürfen. Oftmals bereiten wir uns auf eine Meditation vor, indem wir uns unsere heilige Verbindung zur Hierarchie Christi vor Augen halten. Es mag für Sie hilfreich sein, wenn Sie sich vor jeder Beschäftigung mit diesen Lehren Gedanken der folgenden Art machen:

*Es existiert eine Hierarchie oder ein "Rat Vollkommener Seelen." Dieser Gruppe sind die Seelen, die die Menschheit ausmachen, anvertraut. Auch ich bin diesen Wesenheiten bekannt. Obgleich ich mir all dieser Aktivitäten nicht vollkommen bewußt bin, weiß ich doch um ihre Existenz und meine Verantwortung den leuchtenden Wesen gegenüber. Mit der Bekräftigung meiner Weihe an sie und voller Dankbarkeit öffne ich mich der Schönheit, der Stärke und den Wohltaten dieser ewigen Kraftquelle.*

*Flower A. Newhouse*

I. Kapitel

# *Das Zentrum inneren Friedens*

*Die einzelnen Tage zeigen nur eine geringe Wirkung, bevor der einzelne sich nicht wirklich dem strahlenden Bereich der innewohnenden Göttlichen Gegenwart nähert.*

Suche nach Deinem inneren Zentrum – dem Mittelpunkt Deines wahren Selbst. Wenn Du dieses Herz Deiner wahren Individualität gefunden hast, wirst Du wissen, wie Du zu denken und zu handeln hast, und wie Du jene Seelen zu segnen vermagst, die unsere gegenwärtige Welt formen. Bemühe Dich darum: *Lerne, Dein Zentrum zu finden.* Erlaube dem Pendel Deiner Bemühungen nicht, zu weit nach links oder rechts auszuschlagen, sondern halte es in einem Gleichgewicht in Dir und laß seinen Schwung durch Deinen spirituellen Willen geleitet sein. Mit anderen Worten, gestatte Dir nur jenen Handlungsspielraum, der sich durch Dein inneres Selbst kontrollieren und aufrechterhalten läßt. Bemühe Dich heute darum; und wenn Du dabei an den Herrn Christus, Deinen *Älteren Bruder vor Gott,* denkst, wird er Dir beistehen.

Ein gewaltiger Tag für Dich! Widme diesen Tag der Einkehr dem eigenen Zurruhekommen aus dem inneren Zentrum heraus. In der westlichen Welt – und speziell in diesem Jahrhundert – wird der Pflege der Gelassenheit viel zu wenig Aufmerksamkeit gewidmet. Gerade dazu sollst Du jetzt aus ganzem Herzen aufgefordert werden. Erkenne mittels schöpferischer Kontemplation verschiedene Möglichkeiten der Meditation über die Stille, die sich von den innersten bis zu den äußersten Bereichen des Bewußtseins erstreckt, über die Verhaltensweisen und die Handlungsabläufe hinaus. Widme zehn Minuten der Besinnung, um für die nächsten zwei Stunden eine möglichst vollkommene Stille zu erlangen – geistig, emotional und physisch. Wenn es notwendig ist, körperlich aktiv zu bleiben, kannst Du in der Dir möglichen Art und Weise eine höhere Stufe der Ruhe und der

Rückkoppelung mit Deiner inneren Mitte erlangen. Jene, die westliche Körper tragen, sind häufig ruhelos, und ihre Ausstrahlungen sind disharmonisch, da es ihnen an einer gezielten Führung aus dem Zentrum ihres Wesens mangelt. Erinnere Dich, Dein physischer Körper bildet nicht Dein Zentrum, ebensowenig wie Deine Gefühle oder Dein Verstand. Dein Zentrum liegt über und jenseits des Verstandes, und doch muß der Verstand seine Pforten einladend öffnen, um dem Licht das Einfließen aus jener Sphäre zu ermöglichen, die den Verstand überragt – der Seelensphäre.

In einer anderen Besinnungsphase bist Du angewiesen, schöpferisch über Themen wie selbstloser Dienst während der nächsten zwei Stunden zu reflektieren. Versuche, Dich für zwei, vier oder sechs Stunden selbstlos, empfänglich, vollkommen bewußt und voller Ehrfurcht für das allesumgreifende *Ewige Licht Gottes* vorzustellen.

Während einer Deiner Besinnungsphasen magst Du mit der Erfahrung völliger Selbstbezogenheit und Einstimmung auf das Ewige experimentieren – vollkommen und positiv eingestimmt auf die Wirklichkeit, anspruchslos und in immer stärkerem Maße befreit von den Reizen der äußeren Welt.

Ermögliche es intuitiven Eindrücken des Ewigen, in Dich einzufließen. Sei aufnahmefähig für sie und laß es bewußt geschehen, wenn sie Dich beeindrucken.

Meditiere zu einem anderen Zeitpunkt über die schweigende Schönheit der Natur, eine Rosenknospe, einen Garten im Mondschein, blaue Seen, tannenbewachsene Berggipfel. Rufe Dir Menschen ins Gedächtnis, die trotz ihres außergewöhnlichen, energiegeladenen und erfolgreichen Dienstes dennoch beruhigende und ausgleichende Individuen verkörpern. Dies mögen Hinweise für Dich sein, wie Du kreativ zu Gleichgewicht und Entspannung finden kannst.

Zu jeder Gelegenheit, bei der Du eine zielgerichtete Besinnung übst, stehen die Tore zu einem Eins-Sein mit dem dynamischen Strom der Lebenskraft offen, und Deine Fähigkeiten werden sich mit vertiefter Ernsthaftigkeit mehren.

Sei Dir dessen bewußt, daß wahre Nachfolge Einstimmung auf Dein inneres Selbst voraussetzt. Du bist in der Lage, durch stetiges Bemühen, langsam jene Bewußtseinszustände zu erklimmen, die die Pforten zum Allerheiligsten in Dir darstellen. Berührst Du den Saum des Königreiches Deines wahren Selbst, werden solche Freude und innere Ruhe in Dir erblühen, wie Du sie sonst niemals wirst erfahren können. *Fahre fort, nach der Einstimmung auf Dein wahres Zentrum zu suchen, wo die Wahrheit in Dir ewig lebt.* Du wirst erkennen, wann Du wahrhaft eingestimmt bist, denn ein starker Friede wird Dich umgeben – ein lebendiger, pulsierender Friede, der voller Kraft in seiner Sphäre wirksam ist.
Du vermagst die Wahrheit in Dir dadurch zu berühren, daß Du für ein paar Minuten in der Einsamkeit Deiner Seele weilst. Erhebe Deine Gedanken, Gefühle und Energien in diesen friedvollen Bereich. Laß die Tür zwischen Deiner wahren Individualität und den anderen Aspekten Deines Seins sich öffnen. Du benötigst Mut, Entschlossenheit und Zielgerichtetheit, um so oft als möglich zu Deinem höheren Selbst zurückzukehren.
Fürchte Dich nicht, dem Besten in Dir Ausdruck zu verleihen, alle Facetten seiner geistigen Blüten Deiner Umgebung zu zeigen. Dann wird sich die Rose der Wahrheit in voller Schönheit und Stärke entfalten und in ihrer Kraft vor den Angriffen der chaotischen Welt und den Stürmen der Unruhe, die durch andere entfacht werden, gewappnet sein.
Möge jeder neue Morgen von reiner Hingabe erfüllt sein.
Versuche, Dich zumindest stündlich des Herrn Christus und Seines Rates der Meister zu erinnern. Gedenke Deiner *Älteren Brüder* als einer Gemeinschaft, die das *Göttliche Licht* in beson-

deren Strahlen in heilige und bedeutungsvolle Gebiete der Erde sendet. Einer jener Strahlen erstrahlt in jeder Kapelle, Kirche oder Kathedrale, die wahrhaft auf das Göttliche ausgerichtet ist. Erinnere Dich heute daran, daß Du Dich, wo immer Du auch sein magst, in einem Strahl bewegst, welcher Dich mit seinem stärkenden Licht erfüllt und durchdringt. Deine Aufgabe besteht nun darin, bewußt in diesem Licht zu wandeln, sowie zu erkennen, daß Du dadurch mit der großen Gemeinschaft hilfsbereiter, vollkommener Seelen verbunden bist.
Deine stündlichen kurzen Meditationen sollten in dem Wunsch bestehen, den Willen der Hierarchie zu erkennen und ihn zu erfüllen. Diese Erfordernisse erzeugen eine Grundhaltung, die dazu dient, ein inneres Bewußtsein für die transzendente spirituelle Liebe und Unterstützung zu schaffen, welche uns zu allen Zeiten umgeben.

Wir wollen uns heute mit der Entfaltung kreativer Empfänglichkeit für die inneren Welten beschäftigen. Diese Wahrnehmung läßt sich durch innere und äußere Stille entwickeln, während die Aufmerksamkeit auf die Schwelle zum Göttlichen gerichtet wird, ohne dem Geist zu erlauben, auch nur für Bruchteile von Sekunden auf die menschliche Ebene herabzusteigen. Nur wenige sind begnadet, ohne viel Anstrengung jene außergewöhnlichen Kräfte zu erkennen, die aus den lichteren Bereichen des Ewigen herabgesandt werden. Gewöhnlich sind die Menschen unempfindlich für jene mächtigen Energien, da sie noch kein ausreichendes Interesse dafür entwickelt haben, diese vibrierenden Gedankenimpulse in die menschliche Aura zu integrieren. Daher strömen diese Gedankenformen in die Aura und fließen wieder hinaus, um sich weiter zu anderen Wesen zu bewegen, die sie aufzunehmen und zu erhalten vermögen.
In der Erkenntnis dieser porösen Tendenz als einer natürlichen Qualität des Menschen, muß der einzelne mehr als die mensch-

liche Zerbrechlichkeit entwickeln. Er muß auf höheren Ebenen bewußt sein, bevor er spirituelle Eigenschaften unterscheiden kann. Bemühe Dich daher wieder und wieder um die Stille, derer Du zur Bewußtwerdung bedarfst, bis Du die gesammelte Aufmerksamkeit erlangt hast, die die Einstimmung des Geistes oder der Seele auf das Ewige nicht weiter behindert oder stört. Wird ein inspirierter Gedanke oder eine Aufgabe auf die bereite Seele ausgestrahlt, wird diese sie erkennen und aufnehmen. Nach und nach wird der volle Inhalt dem Individuum durch seine stille Empfänglichkeit offenbar werden, und seine vielschichtigen Facetten werden sich ihm erschließen. Im Laufe der Zeit wird jeder neue Impuls, der einem Menschen von einer höheren Individualität geschickt wird, augenblicklich erkannt werden. Doch immer muß die Disziplin auf der menschlichen Ebene nicht nur intuitive Offenheit und Feinfühligkeit, sondern auch Stille für eine erweiterte und lebendige Aufnahmefähigkeit beinhalten.

Heute beginnt ein Tag stündlicher Einstimmung. Um erfolgreich zu sein, bedarf es des ganzheitlichen Einsatzes aller Deiner Fähigkeiten. Schlechte Einstimmung gründet sich gewöhnlich auf zu starken mentalen Vorstellungen oder ist dadurch bedingt, daß die Energien der Körper nicht in bewußtem Sehnen auf Höheres gerichtet sind. Sie kann auch durch mangelndes Interesse verursacht werden. Es ist äußerst wichtig für Dich, die Praxis vollkommener Stille aus Deinem eigenen Zentrum heraus zu verwirklichen. *Die Stille muß kontrollierbar sein.* Werden die Gefühle, der Verstand und die Seelenkräfte beherrscht, vermögen, ihre Energien auf die Verwirklichung der sich ständig vertiefenden Einswerdung mit den höheren Seinsebenen hinzuwirken.

Halte Dir in den Morgenstunden Deine individuellen Bedürfnisse vor Augen – sowohl die spirituellen wie auch die körperlichen – und wirke durch Dein Eins-Sein mit ihrer geistigen Quelle auf ihre Verwirklichung hin. Schließe in diese Zeitspanne auch Gebete für andere mit ein.

Widme Dich zur Mittagszeit ganz dem Weltengebet. Richte Deine Einstimmung, sowohl individuell wie auch global, auf die Aufnahme der spirituellen Strahlen, die von der Sonne ausgesandt werden. Hast Du erst jede Faser Deines Bewußtseins ausgerichtet, biete Dein Land, Europa und die gesamte Welt der solaren Taufe dar.

Es liegt in Deiner Macht, den *Höchsten Geist,* der über den *Solaren Logos* wirkt, zu bitten, jede von Dir eingeschlossene Person sowie jedes Land mit Seinem Licht in jener Frequenz zu durchstrahlen, die Krieg verhindert.

Laß am Abend den Tag an Dir vorüberziehen. Forme ein Idealbild für diese Inkarnation, indem Du Dich darum bemühst, ihre Möglichkeiten und Deine sich entfaltenden Fähigkeiten zu erkennen. Segne den Geist des Hauses sowie jedes seiner Atome. Verstärke sekunden- oder minutenweise Deine Aufnahmefähigkeit für jene Lichtfrequenzen, die Krieg verhindern. Rufe und empfange jene Strahlen, um die Aura des Hauses zu läutern und zu beleben. Erinnere Dich drittens daran, daß Du, obgleich äußerlich ein Erdenbürger, auch ein Sohn oder eine Tochter Gottes bist, und diese Welt nicht Deine wirkliche Heimat darstellt. Deine Heimat ist eine Lichtwelt – jene Welt ohne Ufer, ohne Zeit, die in der Ewigkeit existiert. Durch die Identifikation mit Deinem eigenen Reich wirst Du die Stärkungen jenes Reiches anziehen.

Für jene, die nach einer Entfaltung als Kanal für die geistige Heilung streben, steht die Ausrichtung des ganzen Geistes auf das Ziel inneren Friedens im Vordergrund. Wird dieses Streben mit der notwendigen Konsequenz und Hingebung vollzogen, wird Dein Wirken als bewußter Kanal für die Heilungskräfte ermöglicht.

Der zweite Schritt, der vom Jünger zum Wandel seines mentalen Lebens gewagt werden muß, ist mit der Überwindung negativer Gedanken verknüpft.
Ebenso wie Du nicht länger Speisen zu Dir nehmen würdest, die vergiftend oder zerstörend wirken, mußt Du konsequent alle anstößigen und unschönen Gedanken aus Deiner Aufmerksamkeit vertreiben.
Dein Ziel liegt in einem Denken, das auf die Quellen ewiger spiritueller Erneuerung ausgerichtet ist. Daher mußt Du Dich zu allen Tageszeiten so oft als möglich üben, Deinen Verstand zu läutern. Stelle Dir Ströme energetisierenden, reinigenden und salbenden göttlichen Lichtes vor, welches alle Deine Körper, Deine Aura und alle Deine Gedankenformen in diesem Moment des Einhaltens erfüllt. Das Ziel, den ganzen Verstand Läuterung, Belebung und Erleuchtung erfahren zu lassen, muß voller Klarheit vor das innere Selbst treten.
Drittens läßt sich bei viel zu vielen Jüngern ein Mangel dahingehend beobachten, daß sie versäumen, positive Visualisations- und Vorstellungsenergien anzuwenden. Nach der Läuterung des Denkens sollte Dein Bewußtseinsfeld von göttlichen Impulsen erfüllt sein. Bemühe Dich um eine Visualisierung der Welt in beständigem Frieden, einer aktiven Bruderschaft innerhalb der Menschheit, einer Offenheit und Aufnahmefähigkeit der Menschen für die Kräfte spiritueller Erneuerung. Indem Du stets mit dem Leben beginnst, welches Dir am nächsten liegt, solltest Du die Welt um Dich herum als einen Spiegel des Weltenfriedens, des Fortschrittes und der spirituellen Offenheit für die höchsten Wahrheiten ansehen.
An diesem Punkt Deiner Erwägungen solltest Du, in der Intention zu helfen, daran denken, jene Gruppen, Aktivitäten und Individuen zu segnen, derer Du Dich gerade erinnerst. Obgleich wir solche Verhaltensweisen beschreiben, die als Grundlage einer neuen Lebensführung angesehen werden müssen, sind wir

nicht der Meinung, du könntest diese Vorschläge mit einem einzigen Mal umsetzen. Sie sollten eher auf die verschiedenen Tages- und Nachtzeiten verteilt werden. Du mußt Dich konsequent und vertrauensvoll um die Läuterung Deiner Gedanken bemühen. Das Bedürfnis nach Einfühlungsvermögen für die Welt und die Erfahrungen anderer sollte sich ebenso natürlich einstellen wie jene nach den täglichen Mahlzeiten, den Ruhe- und Schaffensperioden.

Viertens sollten die Zeiten, die wir im Auto verbringen, jeweils für stille Dienste für andere verwendet werden. Gleichgültig wie viele Menschen mit Dir im Auto sitzen, sollte jede Fahrt Deinerseits mit einer Anrufung des Göttlichen Schutzes beginnen. Danach solltest Du Deine Arbeit mit dem Gedanken anfangen: *"Höchster Gott der Heiligsten Quellen, laß in diesen Momenten meine Gedanken als Kanal dienen für das Einfließen segensreicher Ströme in die Menschheit, die Regierungen der Welt und jene Organisationen und Bewegungen, die mit dem Fortschritt der Menschheit und der Tiere verbunden sind. Indem meine Gedanken nun auf jene gerichtet sind, die Not leiden oder einer besonderen Unterstützung bedürfen, laß DEINE geistigen Kräfte durch diesen Kanal jenen Personen neue Ideen, Heilung oder Verbesserung zufließen."*

Denke nun voll spiritueller Kraft an einen Menschen nach dem anderen, der Dir in diesem Augenblick besonders wichtig ist. Indem Du diese gedankliche Ausrichtung kultivierst und aufrechterhältst, wird jeder von ihnen mit dem Geist der Gnade verbunden werden. In den Momenten, in denen Du dieser Menschen oder Anliegen gedenkst, werden sie in Kontakt mit dem Geist der Gnade und Seiner grenzenlosen Barmherzigkeit gebracht.

Hast Du Dich vollständig auf die Liebe zum Guten, Segensreichen und Göttlichen eingestellt und bist ganz von ihnen erfüllt, wirst Du Dich selbst als geheilt und in jener Ganzheit umfangen finden, die das Gute darstellt, nach dem Du suchst. Sei bestrebt,

Deine mentalen Fähigkeiten mit aller Dir zu Gebote stehenden Intensität zu üben.

Rufe bei Deinem Abendspaziergang, nachdem Du Dich auf den Herrn Christus eingestellt hast, Seinen Namen einige Male an; wonach Du Dein Bewußtsein leichter in gesammeltem und ruhigem Frieden finden wirst. Aus diesem Reservoir des Friedens heraus vermögen die spirituellen Gedanken in Dich einzuströmen. Dazu mußt Du, auch wenn es Sich nur um ein Wort oder einen Satz handelt, schöpferisch in Dein Inneres lauschen.
Fahre fort, Deiner *Älteren Geschwister* zu gedenken, die durch Christus unseren Planeten mit mächtigen Kraftströmen umgeben. Friede sei mit Dir, denn nur so kann Dein Tag voller Einstimmung und Schönheit verlaufen.

Gnade umfange Dich durch Christus. Die Zeit ist gekommen, Dich mit den wesentlichen Andachtsübungen und Praktiken vertraut zu machen, die die Brücke zur Kommunikation zwischen Himmel und Erde erbauen.
Unsere spezielle Aufgabe und höchste Freude liegt darin, Dich stärker mit unserem *Älteren Bruder* bekannt zu machen, der den Titel und das Amt des Christus trägt. Heute senden wir ungezählte Lichtstrahlen in die Welt hinaus, um die Menschen als einzelne oder in der Gemeinschaft zu Zentren für den Frieden werden zu lassen – *zu Zentren der Einstimmung, die Christus zur Verfügung stehen. Immer wenn Du es Dir erlaubst, dem Ungestüm, der Ungeduld oder der Wut nachzugeben, verzögerst Du auf Erden den Sieg der Heerscharen, die Gott anbeten.* Du umgibst die Erde dadurch mit einem Schleier und hinderst die Tür zum Frieden daran, sich zu öffnen, wenn Du die Vorstellung der Getrenntheit von jedem lebendigen Menschen, Tier oder Ding in Gedanken und Gefühlen aufkommen läßt.
Dies erfordert insbesondere von Dir, Dein ganzes Leben, zu-

sätzlich zu allen Deinen Interessen, mit denen Du Dich beschäftigst, und allen Deinen Energien, die Dich durchströmen, friedvoll zu gestalten. *Gestatte Dir keine einzige Freiheit, solches auszudrücken, was Dich vom Licht ausschließt. Wisse darum, daß es jedem Menschen oder Tier, jedem Geschehen oder Ereignis, das Dir begegnet, oder mit dem Du verbunden bist, möglich sein sollte, Deine ruhige Aufmerksamkeit, höfliche Zuwendung, gewissenhafte Beschäftigung und liebende Sorgfalt zu erregen.* Wie sollte es Christus möglich sein, eine Ära des Friedens einzuleiten, bevor nicht Du und andere, die wie Du die Gemeinschaft mit dem Licht erkennen, zu ungebrochenen Spiegeln dieses wahren Lichtes geworden sind? Du solltest Dir niemals irgendeine Duldung von Zorn oder ein beschämendes Handeln gestatten. Laß Frieden, Ehrfurcht und Bestimmtheit der Art vorherrschen, die Dich mit Reichen, Ebenen und Heerscharen himmlischen Friedens verbindet! *Höre auf, dem Tod zu dienen, indem Du in Dir all das überwindest, was absondert, verzerrt und verurteilt.* Erhebe in Deinem Herzen jeden Angreifer, jedes unvollkommene menschliche Werkzeug, jede schwierige Situation, bis das Licht in Deinem innersten Sanktuarium die Elementale, die Deinen Körper oder Dein jeweiliges Werkzeug zusammensetzen, segnet, erneuert und vollständig transformiert.

Die Hierarchie Christi ist Dir viel näher und wesentlich stärker auf Dich und die Einzelheiten Deines Lebens und Dienstes konzentriert, als es Dir jemals bewußt war. Diene Christus von nun an in Frieden. Bemühe Dich, alles, woran Du denkst oder womit Du Dich beschäftigst, unter der Beobachtung der Botschaft des Lichtes schön, vollkommen und anmutig zu gestalten.
In diesem Augenblick mußt Du nur die Qualifikationen der Jüngerschaft erfüllen und in die Tat umsetzen; die Übungen des ewigen Jetzt werden auf das innere Wachstum angewandt, um welches Du Dich bemühst.

Möge das Licht, welches niemals verlöscht und der Gesang innerer Freude, der ewig ertönt, unsterblich in Deinem Herzen und Wesen leben.

II. Kapitel

# *Schlüssel zu schöpferischer Meditation*

*Meditation ist ein offenes Tor zu jenem weiten Raum von Kräften, die Du nur dann zu berühren vermagst, wenn Du in direktem Kontakt mit ihnen stehst.*

Da Meditation einen so hohen und wesentlichen Wert für Deine Entwicklung darstellt, wenden sich unsere Worte heute Deinem Voranschreiten über diesen *inneren Weg* zu. Gebetsarbeit in einem stündlichen Rhythmus besitzt sowohl aufbauenden wie auch durchdringenden Segen. Wir empfehlen Dir daher, alle zwei Stunden am Tag die Einstimmung auf die inneren Welten zu üben. Eine gute Erkenntnis- und Tiefenarbeit kann dann erreicht werden, wenn Dir ein gutes Programm zur Verfügung steht, dem Du zu diesen Rhythmen folgen kannst. *Laß von nun an Deine Einstimmung das tägliche Erklimmen Deiner 'Jakobsleiter' beinhalten.* Hierbei handelt es sich, wie Du Dir bereits denken magst, um Deine Schritte täglicher Kontemplation bei Deinem Streben zu Höherem.
Jeder Strebende sollte sich, nach der Einschwingungsübung*), seine Inkarnation als eine Leiter vorstellen. Einige der Sprossen werden dann Betrachtungen von persönlicher Bedeutung beinhalten.
Beachte auf jeden Fall die folgenden Punkte: Erstens, die spirituelle Sinngebung. Die zweite Sprosse auf der Jakobsleiter sollte in der Übung verstärkter Ehrfurcht für den heutigen Tag bestehen. Die sich selbsterklärenden Folgen dieser Stufen sind offensichtlich und bedürfen keiner weiteren Erläuterung. Der dritte Schritt sollte in einer Verbesserung des Erkennens und des Nutzens von spirituellen Wahrheiten und Gesetzen liegen, die auf diesen Tag angewendet werden können.
Die vierte Sprosse dieser Leiter der Betrachtung heißt *Verantwortung* hinsichtlich des persönlichen Wissens esoterischer Tat-

---

*)Siehe dazu: F.A.Newhouse, Das Christuslicht, Forstinning 1983, S.29ff

sachen. Wir müssen dazu erklären, daß jeder Aspirant dieser Stufe sein Hauptinteresse hinsichtlich des spirituellen Wissens, welches er bis zu diesem Zeitpunkt angesammelt hat und welches ihn besonders anspricht, grundsätzlich und lebhaft überdenken muß. Hier sollte sich eine Betrachtung der großen Bruderschaft der Vollkommenen Seelen sowie ihrer Beziehung zum Fortschritt der Menschheit anschließen.

Bei einer der bereits beschriebenen Sprossen, die zur Anwendung spiritueller Gesetze hinführt, sollte man sich täglich bemühen, die Heilungsarbeit zu vervollkommnen. Weitere Sprossen werden sich ganz individuell aufgrund der Erkenntnis von Schritten ergeben, die in dieser Inkarnation unternommen werden müssen, wie beispielsweise in Richtung verstärkter Selbstkontrolle, Selbstüberwindung oder Erleuchtung.

Beginne an einem Tag der Woche, zwei Stunden nach der *ersten* Meditationsphase, die eine kurze Einstimmung auf die 'Jakobsleiter' beinhalten sollte, die *zweite* Periode der Andacht mit einer Einstimmung auf die großen Kraftzentren der inneren Sphären. Unter den ersten Zentren, auf die Du Dich einstellst, ist *Shamballa.* Die anderen großen Zentren werden eines nach dem anderen im Laufe des Tages, während der rhythmisch wiederkehrenden Meditationszeiten, aufscheinen.

Die dritte Andachtsperiode des Tages besteht in einer Einstellung auf den großen Himmel, der unter dem Namen *Nirvana* bekannt ist.

Die *vierte* Einstimmung auf ein himmlisches Zentrum wird sich auf das *Elysium* richten; die *fünfte* auf *Arkadien.*

Das letzte Zentrum, auf welches Du Dich einstellen solltest, ist jenes einer neuen Kraft – wir wollen es *Ebrillium* nennen. Es handelt sich hierbei um ein sehr hoch entwickeltes Zentrum der Erkenntnis des fünften Strahles (des Strahles der Wissenschaften), ein Zentrum, welches erst nach fortgeschrittener Erleuchtung betreten werden kann.

Das Zentrum kraftvollen Wirkens auf dem sechsten Strahl ist das *Paradies;* jenes des siebenten Strahles der *Olymp*. Jedes dieser Zentren strahlt seine ganz individuellen und einzigartigen Frequenzen aus. Alle dienen der Vervollkommnung jener Bestrebungen, die eine Verbindung zu dem jeweiligen Zentrum tragen. Zum Beispiel ist Shamballa mit Regierungsausübung verknüpft; Nirvana mit der Ausstrahlung göttlichen Friedens; Elysium mit dem Erwerben vollkommenen Verstehens, dieses Zentrum wird auch mit göttlicher Weisheit und ihrer Verbreitung umschrieben.

Im vierten Zentrum, Arkadien, sind alle kreativen Bemühungen in Idealform existent. Zugleich stellt es die nährende Grundlage und das Fundament der bildenden Künste und ihrer vergeistigten Formen dar.

In Ebrillium, einem Zentrum gewaltiger Kraft, finden sich die Ideen, Archetypen und Energien, die die gebündelte Information über die verschiedenen Phasen wissenschaftlicher Erkenntnis enthalten.

Das Paradies enthält die lebendigen Formen dessen, was Religion lehrt und symbolisiert. Da viele von Euch auf diesem Strahl wirken, wird Eure Erinnerung an dieses Zentrum stärker sein, verglichen mit den anderen Zentren. Dies trifft zumindest für die ersten Versuche einer Einstellung auf diese Zentren zu.

In Olympus finden monumentale Rituale statt, deren Kraft ungebrochen über den siebenten Strahl weitergegeben werden.

Beschäftige Dich mit diesen neuen Erkenntnissen, übe Dich in ihrer Meisterung und nimm sie bewußt wahr. *Sei geborgen und zentriert in jenem Punkt Deiner selbst, der Gott berührt.*

Die Lektion heißt jetzt Ausdauer. Ihre Früchte basieren auf dem Glauben. Im Inneren werden Deine Aufmerksamkeit für das Detail, Deine Anwendung von Prinzipien und Deine Vision für die Zukunft augenblicklich wahrgenommen und ständig sorgfältig vermerkt. Es ist wichtig, mit Bedacht auf eine charakterliche Reifung zu achten und den göttlichen Energien eine Belebung zu ermöglichen, da diese nicht nur zu einer vollständigen Reinigung beitragen, sondern gleichzeitig auch zu einer inneren Vorbereitung auf ein Leben steter Jüngerschaft führen.

Zur Vorbereitung auf die Meditation empfehlen sich einige einfache aber hilfreiche Stufen: Bevor Du mit der Meditation beginnst, stelle Dir vor, eine Reise in die höheren Bewußtseinszustände zu unternehmen, indem Du Dir das Durchschreiten der Tore, die zu direktem Eins-Sein führen, bewußt vor Augen hältst.

Das erste Tor ist jenes der *Läuterung*. Halte hier ein, um unwesentliche sowie niedere Eigenschaften und Kräfte abzuwerfen. Bevor Du nicht all jene Kräfte bewußt von Dir abgewiesen hast, die der Welt angehören, kannst Du nicht für würdig befunden werden, Dich dem zweiten Tor zu nähern – *dem Tor der Vorbereitung*.

Innerhalb dieses neuen Gebietes muß eine Entscheidung zugunsten harmonisierender, besänftigender und religiöser Eigenschaften gefällt werden. Alle diese Aspekte höherer Natur sollten so angewandt werden, daß ihre Auswirkungen sowohl am äußersten Bewußtseinsrand wie auch im Zentrum desselben erfahren werden können. Bist Du vollkommen empfänglich für die einfließenden harmonisierenden Frequenzen des Geistes, magst Du Dich dem dritten Tor nähern.

Dieses Tor wird *vertrauensvolles Verstehen* genannt. In diesem Bereich des Bewußtseins strebt man danach, sich selbst gründlicher mit den Stärkungen bereits bekannter Informationen auszustatten – offenbart durch Lehren, intuitives oder empirisches Verstehen. Erlaube es dem Verstand, die Elemente mentaler Ausrichtung aufzugreifen, die den täglichen Anforderungen genügen. Betrachte diesen Bewußtseinsaspekt mit umsichtiger Sorgfalt, so daß Deine Auswahl der einzusetzenden Kräfte und

der anzuwendenden spirituellen Mittel gut abgewogen ist. An sehr geschäftigen Tagen wird eine kurze Auswahl der Ratschläge, Lehren und Ideale, derer man sich entsinnt, genügen.
Das vierte Tor ist jenes der *Erkenntnis.* Mit den Worten eines Mystikers ließe es sich auch das "Tor der Kontemplation" nennen. Hier hat man es mit einer umfassenderen Erkenntnis spiritueller Realitäten zu tun. *Der Verstand muß in diesem Bereich einen Freiraum erhalten, um sich spontan bestimmte Aspekte zur Reflexion herauszugreifen.* Denn er mag sich über Gipfel spirituellen Verstehens hinwegbewegen und auf seinen Pfaden geistige Wonnen erfahren. Gewöhnlich befinden sich in diesem Bereich eher Ideale als erworbene Eigenschaften. Hier leben die Energien der Zukunft, die in Kontakt mit dem Denkenden treten müssen, um an seinen Horizont angegliedert werden zu können.
Jenseits dieser Sphäre liegt ein Tor, welches von dem strahlendsten Licht umrahmt wird, denn hier, durch das *Tor direkter Kommunikation,* tritt man ein in die Erfahrung der Anbetung *Göttlicher Gegenwart.*
Führe Dir diese Tore vor Augen und durchschreite sie mit ständig zunehmender Sicherheit. Göttlicher Friede möge Deinen Pfad erleuchten.
Im Verlaufe spiritueller Unterweisungen ist es oftmals ratsam, neue meditative Übungen über eine Zeitspanne von einigen Wochen auszuführen. In diese Richtung gehen auch die folgenden Anweisungen. Wechsle, statt Deine Andachten in zweistündigem Abstand auszuführen, zu einem vierstündlichen Rhythmus über, indem Du um neun Uhr beginnst, dann um dreizehn Uhr und schließlich um siebzehn Uhr. Die Art und Weise, diese Andachten zu begehen, sollte Dich zu einer selbstlosen Hingabe an das Höchste befähigen. Jede dieser Übungen wird nicht weniger als fünfzehn Minuten beanspruchen, in denen Du über die Wirklichkeit der großen *Göttlichen Gegenwart* und die Sie umgeben-

den Wesenheiten meditieren sollst. Du magst beispielsweise an einem bestimmten Tag damit beginnen, während der Zeit, die Du mit Frieden weihst, daß Du Deine Andacht dem *Immanenten Gott* widmest. Danach könnte um ein Uhr eine Invokation im Namen des Herrn Emmanuel (des Christus) an den herrlichen Logos des Friedens folgen, mit der Bitte um Seinen Segen und Seine Erfüllung für die Menschheit auf Erden. Um fünf Uhr könntest Du Dich dann auf die *Elohim* einstellen, die Diener des immanenten Gottes.

An einem weiteren Tag könntest Du drei Perioden einer Tiefenmeditation den drei *Großen Wesenheiten* widmen – dem Herrn des Lebens, bisweilen Manu genannt, dem Herrn der Erneuerung dieses Planeten, dem Christus, und dem Herrn, der als Machohan bekannt ist, dem Vermittler spiritueller Wahrheit.

Später mag Deine Aufmerksamkeit auf die Hierarchie gerichtet sein; und letztlich magst Du die Engel einschließen, indem Du stets bei den "Engelkönigen" und "Engelprinzen" beginnst und ihrer Rangfolge entsprechend jeden wesentlichen Bereich des Reiches der Engel ansprichst, wie bereits in anderen Büchern erläutert.*)

Sei immer, wenn Du dieser herausragenden Diener gedenkst, voller selbstloser, hingebungsvoller Verehrung für das Gute, welches sich durch diese Wesenheiten ausdrückt, die vor allen Dingen für die Erleuchtung der Menschheit verantwortlich sind.

Da es notwendig ist, daß Du Deinen Beitrag ausweitest, mußt Du lernen, die Frequenzen zu verstärken, auf denen Dich diese neuen Kräfte und Segnungen erreichen und sich in Dir ausbreiten können. Aus diesem Grund ergeht die Aufforderung an

---

*) F.A.Newhouse, Lichtwesen, Forstinning 1984
dies., Engel und Devas, Grafing 1985[2]

Dich, Dich während Deiner täglichen Meditationen auf neue Beziehungen zu konzentrieren. Dies wird dazu beitragen, eine wirkliche Gemeinschaft aufzubauen, zuerst über diesen Wunsch und später über das Abenteuer, andere Menschen kennenzulernen und Dich an neue Umstände anzupassen, was Dich wiederum einen Schritt bei Deinem Eins-Sein mit der Unendlichkeit und den Möglichkeiten des Ewigen Reiches voranbringt. So sei Dir nur dieser Schlüssel in die Hand gegeben: Bemühe Dich schöpferisch um den Aufbau neuer Beziehungen, zuerst indem Du den Wunsch in Dir danach ausprägst, dann durch Wachstum und letztlich durch die Erfüllung desselben.

An einem anderen Tag wird Dein Schlüssel darin liegen, die Ketten der Vergangenheit durch ein Aufbrechen Deiner Beschränkungen, eine Überwindung verkrusteter Gedanken und Angewohnheiten zu sprengen, bis Du Dir der Samen neuer Leitsätze, Tendenzen und Ideale bewußt wirst.

Meditiere am dritten Tag über eine Erneuerung in umfassendem Sinne, eine Geburt klarer und inspirierter Pläne in den Herzen aufnahmefähiger Menschen, gespeist vom Beistand der Hierarchie. Meditiere über das Neue nicht nur in dem Sinne, daß es die gesamte Erde in Form von fortschrittlichen Gedanken und Bemühungen segnet und umfängt, sondern beziehe auch ungekannte Schwingungen, Wesenheiten und Geistesgaben mit ein, die die ganze Erde spirituell zu erfahren vermag. Widme Dich während all dieser Meditationen insbesondere den Schlüsselthemen, die Dich besonders ansprechen. Bemühe Dich auch, diese schriftlich festzuhalten.

Meditiere an einem vierten Tag voller Einsicht über Dich selbst, über eine Auffrischung Deines Idealismus, Deiner Vorsätze und Deines Enthusiasmus. Dabei ist es hilfreich, zu einer unvoreingenommenen Einschätzung Deiner selbst zu kommen und Dir einen Weg zum neuen Horizont zu bahnen. Nach und nach wird sich dieser schmale Pfad zu Deiner inneren Realität, zu einem

gut begehbaren Weg steter und beharrlicher Übung in Dir erweitern.
Am letzten Tag sollst Du Dir über die Eingebungen, Forderungen und Vorlieben Deines wahren Selbst Klarheit verschaffen. Ruhe in ihnen. Freue Dich an dieser Erkenntnis. In der nächsten Woche wirst Du die unvollendete Arbeit dieser Woche fortführen. Du wirst Dich noch stärker, intelligenter und beharrlicher bemühen, Dich dem Neuen zu öffnen, das Unvermeidliche anzuziehen, um es dann im *Jetzt* zu erschließen. Du wirst Dich mit der Zukunft anfreunden. Das Bekannte und Gegenwärtige steht Dir zu nahe, überwältigt Dich und beraubt Dich einer klaren Perspektive. Um Stärken und Erkenntnisse der Zukunft beschleunigt zu entwickeln, ermahnen wir Dich, die Knospen der spirituellen Sehnsucht Deiner Seele durch hingebungsvolles Streben zum Blühen zu bringen. Empfange daher den Segen der Erneuerung und heiße ihn willkommen.

Nur selten erfahren Jünger ein *Grenzbewußtsein.* Um es Dir zugänglich zu machen, wollen wir es so einfach wie möglich erläutern. In einem späteren Kapitel, welches auf Deine eigenen Übungen und Erfahrungen folgt, wollen wir dann näher auf die eigentliche Bedeutung eingehen.
Ruhe und Inspiration verursachen eine Zuwendung aller Deiner Möglichkeiten auf spirituelle Bereiche. Ein hochinspirierter und ausgeruhter Mentalkörper vermag die Peripherie des Bewußtseins zwischen Kausal – und Mentalwelt zu berühren. Normalerweise werden einige Bewußtseinsbereiche durch niedere Hindernisse belastet. Doch während dieser seltenen Augenblicke erheben sich alle Fasern des Bewußtseins zu diesem Grenzbereich, der so wichtig für die vollständige Entfaltung eines Menschen ist.
In diesen ersten Bereichen der Kausalwelt werden jene Archetypen zugänglich, die die Schlüssel für zukünftige Erfahrungen

bilden. Es handelt sich um jene, die durch bewußte oder unbewußte Zuwendung zu voller Größe erblüht und so zu den Mustern herangereift sind, die die Grundlage für die physische Ausprägung darstellen. Gewöhnlich erfordert es Monate oder manchmal Jahre, bis sich die Energien dieser Archetypen mit den nächst niederen Dimensionen verbinden können.

In einer Person, die aus dem Glauben heraus lebt, drückt sich vertikales Bewußtsein aus. Hauptsächlich über den Glauben vermag der einzelne in jenen erleuchteten Momenten den Grenzbereich zu betreten, der die Zukunft der Menschheit enthält. Auf diese Weise, unterstützt durch die aufstrebenden Glaubensenergien, vermag jener Bereich berührt zu werden, der im Augenblick zuvor noch in der Zukunft lag. *Indem die Zukunft durch das intuitive Bewußtsein der Kausalwelt erkannt wird, hat sich die Zukunft bereits offenbart und ist zu einem Teil der aktiven Gegenwart geworden.*

Diese Lehren lassen sich nicht leicht verstehen. Du solltest Satz für Satz dieses Abschnittes über das *Grenzbewußtsein* durchgehen.

Das Ziel eines jeden Schülers und Jüngers liegt in dem Erreichen jener von Energie erfüllten und erleuchtenden vertikalen Einstellung, die jeden Strebenden in bewußten Kontakt mit den Bereichen bringt, in denen seine größten Vorzüge auf ihre Manifestation harren. Ein starker Wunsch, demütiges Interesse für den Sinn des Lebens und Glaubensenergie formen zusammen die Grundlage für das Erreichen eines *kausalen Bewußtseins.* Die Erkenntnis dessen, was in diesen Bereichen lebt, bildet die Basis für jede Prophezeiung, Erfindung und jeden individuellen Fortschritt.

Mache Dir klar, daß das *Grenzbewußtsein* eine Welt voller Herrlichkeit enthält, welche für Deinen Fortschritt jenseits aller Vorstellungskraft steht. Es wird eine Zeit kommen, in der Du fähig sein wirst, das vertikale Bewußtsein so lebendig, offen und energiesprühend aufrechtzuerhalten, daß Deine spirituelle Wahrnehmung aufgrund der *Erweiterung des Bewußtseins* weit auf dem Weg zur Einstimmung auf Gott vorankommen wird. Dann wirst Du, was Deinen Körper betrifft, nicht weiter an einen Ort auf der Erde denken, sondern an lichtvolle Raumlosigkeit. Dein Bewußtsein wird permanent in umfassender Weise wirken, um Dich über die Fruchtbarkeit, Weite, Höhe und Tiefe Deines spirituellen Radius innerhalb des Zentrums Deines *Göttlichen Kreises* zu unterrichten, der das Feld darstellt, welches es für Dich zu beackern gilt. Dann solltest Du Dir der Früchte des Geistes bewußter sein.

Allmählich sollte Dir klar werden, weshalb Dir Bereiche jenseits des gewöhnlichen Denkens nähergebracht werden. Noch immer werden Anregungen zur Verstärkung Deiner Kreativität in der Meditation hilfreich für Dich sein. Den meisten von Euch erscheint sie wie eine Pflicht, wie etwas, das ausgeführt werden *muß* – bisweilen auch unter Schwierigkeiten. Erinnere Dich daran, daß die Meditation einen Schlüssel für den weiteren Raum von Kräften darstellt, die Dir nur dann zugänglich sind, wenn Du sie direkt berührst. Erwarte keine Vollkommenheit, zumindest nicht bei diesen ersten Versuchen. Bemühe Dich aber trotzdem, es besser zu machen, als es Dir eigentlich möglich erscheint, um so die Krusten Deiner Gewohnheiten aufzubrechen.

Gestatte es Deinen Gedanken, den Stunden vom Morgen bis zum Abend vorauszueilen, um Dir klar darüber zu werden, wie Du diese am heutigen Tag besser gestalten könntest. Jene, die extremen Idealen, Träumereien oder ungesunder Introvertiertheit anhangen, müssen diese Schwächen überwinden. Dabei ist es genauso wesentlich für jene, die wirkungslos handeln, zu einer Effektivität zu gelangen, wie für jene, die lieblos sind, mitfühlend zu werden oder anderen ein Stück von sich selbst zu schenken.

Bestimmte Voraussetzungen für das Wachstum des einzelnen in diesen meditativen Perioden sollten erwähnt werden. Der strebende Mensch muß sich während seiner Gebetszeiten, auf Frieden, Ernsthaftigkeit und bedachtsame Beruhigung seiner Emotionen und Reaktionen konzentrieren. Das Licht seiner neuerworbenen und besonnenen Selbstkontrolle wird Auswirkungen auf sein Verhalten haben, wird es mildern, bereichern, segnen und harmonisieren, bis der Mensch friedvoll aus sich selbst heraus zu leben vermag.

Laß besonders die nervösen, erregbaren Menschen um Frieden, Harmonie und Heiterkeit für die Verhaltensweisen und Anliegen der Menschheit beten. Die Kräfte, die sie während des Gebetes anziehen, werden auch zu ihrer eigenen Heilung beitragen.

Laß jene, die zu viel sprechen und ihre Energien in wertlosem Geschwätz vergeuden, um Erleuchtung und um jene Gaben beten, die aus der Selbstbeherrschung erwachsen, also um die klare Absage an Unwesentliches oder die Überwindung jener Instinkte, die zu Taten ohne Wirkungen führen.

Um sechs Uhr abends solltest Du Dir mit Worten wie den folgenden Deine Bürgerschaft der Ewigkeit vor Augen halten: *"Ich bin eine Seele, die den Mantel der Sterblichkeit umgelegt hat. In meinem wahren Selbst bin ich frei. Mir sind Möglichkeiten und Kräfte zu eigen, die göttlich sind. Ich bin ein Bürger jener Erfahrungsbereiche, die alle guten göttlichen Schöpfungen beinhalten. Ich habe mich nun auf die Ebene der Engel, der "Iofel" und "Tuma"*) eingestellt – den großen, sich bewußt entwickelnden Schwestern und Brüdern der anderen Wesensreiche. Aus diesen*

---

*) Vgl. "Lichtwesen" und "Engel und Devas"

*Welten unbegrenzter Energie. Schönheit und Kreativität empfange ich neue, glühende Impulse zur Einstimmung. Möge diese Rückbesinnung auf mein wahres Selbst und die Identifikation mit der Ewigkeit, die meinen eigentlichen Ursprung darstellt, meiner begrenzten Existenzform Kraft, einen tieferen Sinn und Meisterschaft verleihen."*

III. Kapitel

# *Ausrichtung der Atome*

*Wer die Atome vollkommen zu beherrschen vermag, wird über das Leben herrschen.*

Eine der wichtigsten Lehren besteht in der Betonung der Notwendigkeit, *die Beherrschung des eigenen Wesens zu üben*. Jeder Deiner Körper – Kausal-, Mental-, Astral-, Äther- und physischer Körper – umfaßt Billionen elementaler oder atomarer Intelligenzen. Je höher dabei die Energie ist, um so entwickelter zeigen sich diese Daseinsformen. Es ist wesentlich, daß Du von Deinem höheren Selbst her beginnst, Dir dieser Millionen von Elementalen bewußt zu werden, die Deinen Seelenkörper bilden. Lerne, sie mit Deinem Wohlwollen zu segnen. Ein solches Segnen sollte den Glauben an ihren letztlichen Fortschritt und ihre Entwicklung beinhalten. Lerne dann, indem Du dies bewußt zu steuern vermagst, *die Atome Deines Mentalkörpers zu veranlassen, sich nach oben hin auszurichten; und sieh daraufhin, wie sich das reine Licht Deiner Seele, der Haltung eines älteren Bruders oder einer älteren Schwester entsprechend, voller Teilnahme in jede atomare Form ergießt, die Deinen Mentalkörper bildet.* Erteile liebe- und hoffnungsvoll Anweisungen hinsichtlich Deiner mentalen Fähigkeiten, so daß diese friedvoll und empfänglich im Dienste des Geisteslichtes wirken. Betrachte Deinen Mentalkörper intuitiv, um seinen Bedarf nach zuverlässigerer Erinnerung, erweitertem Wissen und erhöhter Intelligenz zu erkennen.

Laß in der gleichen Weise, aus Deinem Seelenbewußtsein heraus, das Licht des Geistes auf und in jedes atomare Leben einstrahlen, welches Deinen Gefühlskörper bildet. In jedem von Euch ist es gerade diese Form, welche am unbeherrschtesten und den Geist am stärksten mißachtend ist. Gedenke liebevoll und andächtig, in segnendem Bewußtsein, dieser atomaren Leben innerhalb Deines Gefühlskörpers – jenem Körper, in welchem die meisten von Euch in der Nacht die höheren Welten betreten. Veranlasse diese Formen im Namen des Geistes ihr kindisches Verhalten und ihre instinktiven emotionalen Reaktionen aufzugeben. *Vermittele Deinen emotionalen Formen ein Verlangen nach Tiefe, die sich nur aus der Empfänglichkeit für Schönes und Edles ergibt.*

Konzentriere daraufhin das Licht, welches dem Geist entspringt und die Seele erleuchtet, auf das schleierartige Gebilde – den Ätherleib. Von all Deinen Körpern stellt dieser denjenigen dar, der am leichtesten verzerrbar und beeinflußbar ist. Liebevoll sollte sich die Seele auf den Ätherleib ausrichten, indem sie ihn sich mental vorstellt. Wärest Du hellsichtig, könntest Du auf den ersten Blick spiralförmige Lichtströme in hellem Rosa erkennen, die nach unten gerichtet sind. Es erfordert gesammelte Konzentration, um die Billionen atomarer Intelligenzen demütig zu segnen, die diesen Körper bilden. Aufgrund ihrer starken Empfänglichkeit reagieren die ätherischen Atome sehr schnell unter dem Einfluß von Licht. Da Deine Seele in Kontakt mit diesen empfindlichen Atomen steht, muß sie durch Übung lernen, diese demütig zu veranlassen, ihren Energiestrom nach oben zu lenken. Dies sollte das Erreichen einer körperlichen Leichtigkeit beschleunigen und die Atome schneller mit den Quellen der Erneuerung verbinden. Sprich in diesen Momenten *den blauen Pranastrom an, so daß über diese besondere Energie neues Leben herbeigerufen wird.*

Prana selbst besitzt eine verschwommene, silbriggraue Erscheinung in der ätherischen Welt, zeigt sich jedoch rötlich-blau in der Astralwelt. Dieses Prana ist notwendig, um die ätherischen Atome zu regenerieren und sie mit einer unerschöpflichen Lebenskraft auszurüsten.

Ein ernsthafter Gemütswechsel, wie der Wechsel von Freude und Ehrfurcht zu aggressiver Ungeduld, veranlaßt diese Atome, mit der Energieausstrahlung innezuhalten. Derartige Einflüsse niederer Kraft und Einstellung läßt sie den Energien folgen, die die Aura durchziehen. In diesen Fällen werden Streß und Aggressivität dazu führen, daß die atomaren Intelligenzen ihre Kraftfelder nach unten ausrichten. Jedoch handelt es sich dabei nicht um eine Position, in welcher sie erneut belebt werden können. Der nach oben ausgerichtete Energiebogen muß zuerst bewußt wiederhergestellt werden, bevor ein Wiederaufleben und Aufrechterhalten der Energie möglich wird.

Lenke auf dieselbe Weise *göttliches Licht aus dem innewohnenden Geistfunken, über die Weisung und die Führung der Seele, in die physische Form.* Das dritte Chakra, welches als die 'Schaltzentrale' des Unterbewußtseins im Körper angesehen wird, wird am schnellsten durch diesen Energiestrom angeregt werden. Das dritte Chakra bildet das Medium, durch welches die aufgenommene Lebenskraft entweder nach unten fließt oder in gleichmäßigen aufwärtsgerichteten Bewegungen durch den ganzen physischen Organismus zirkuliert. Du mußt lernen, mit liebevoller Konsequenz zu diesem unbewußten Teil oder Zentrum des Unterbewußtseins auf eine Weise zu sprechen, die Dir augenblicklichen Gehorsam sichert. Konzentriere Dich, mit dem Bereich des Kopfes beginnend, auf die zahllosen Atome, die diesen Körperteil zusammensetzen, und zwar sowohl die Knochenstruktur wie auch das innere Gewebe. Richte das Licht nun auf Deinen Kehlkopf. Sprich die Intelligenzen an, die dort die Haut und die inneren Organe bilden. Benenne, im Wissen um die Einzelheiten der Körperfunktionen, die einzelnen Teile Deines Körpers jeweils mit ihrem Namen. Liegt zum Beispiel eine Funktionsstörung der Schilddrüse vor, wende Dich den Atomen zu, die dieses Organ zusammensetzen, um sie so zu veranlassen, sowohl vom Ausdruck wie von ihren Möglichkeiten her zu ihrer göttlichen Vitalität zurückzufinden, um damit dem Plan ihres *Höchsten Schöpfers* kreativ zu folgen. Konzentriere Dich dann, indem Du langsam den ganzen Körper hinabgleitest, auf seine unterschiedlichen Bereiche, wie beispielsweise auch in die rechte und linke Körperhälfte, wobei Du jedem dieser Teile gesonderte Aufmerksamkeit zukommen läßt. Laß beispielsweise den Atomen der Lunge dadurch neue Lebenskraft zukommen, indem Du dieselben absonderst und daraufhin anleitest, das ihnen von ihrem Schöpfer zugedachte vollkommene Muster anzunehmen.

*Bei all Deinen Körperteilen wirst Du, wenn diese eine Schwäche aufweisen, feststellen können, daß Dein Bemühen um und Dein Segen für das atomare Universum, welches Deinen Körper bildet, warme Zustimmung finden wird.* Man mag es auch so ausdrücken, daß die Anregung, die die jeweilige Körperpartie erhält, verglichen mit dem Rest Deines Wesens, hier zu einem Gefühl der Wärme führen wird. Zentriere einen Großteil Deiner Aufmerksamkeit auf jene Bereiche oder Organe, die gestört sind. Dabei ist es hilfreich, das Unterbewußtsein zu veranlassen, sich während Deines gesamten Lebens in unterstützender Weise auf diese Teile auszurichten. Deine Botschaft an die Organe mag jeden Tag anders lauten, doch muß sie in der Essenz immer den göttlichen Befehl umfassen, sowohl von der Ausstrahlung wie auch vom Ausdruck her zu vollkommener Funktion im Einklang mit dem ursprünglichen Plan zu gelangen.

Behandele die Atome während Deiner Einstimmungsübungen in dieser Weise und ermahne sie, mit ewiger Lebenskraft zu vibrieren, denn es ist ihnen möglich, aufnahmebereit für die solaren Energien zu werden, die sie aus dem eigenen inneren Selbst motivieren.

Präge den Atomen all Deiner Körper den Stempel der Kraft auf, die ihnen dazu verhelfen wird, Vollkommenheit auszustrahlen. Das äußere Band jedes Atoms wird *Orium-Band* genannt. Dieses einflußreiche Band, welches jedes Atom magnetisch umgibt, bildet die anziehende Lebenskraft.

Liegt bei Dir eine Tendenz zu übersteigerter Emotionalität vor,

wird das Orium-Band Deiner physischen Form eine Affinität zu Wasser oder anderen Flüssigkeiten haben und diese an den Körper binden. Liegt gerade das Gegenteil vor, bist Du hochgradig mental und unemotional, wird das Orium-Band jene flüssigen Elemente davon abhalten, Deinen Körper mit den notwendigen Flüssigkeiten zu erfüllen. Energetisiere den äußeren Rand jedes Atoms weise mit magnetischer Kraft.
Erinnere Dich stets, der Arbeit der atomaren Intelligenzen gedenkend, daß derjenige, welcher es versteht, die Atome in jeder Hinsicht zu beherrschen, das Leben beherrschen kann. Meisterschaft besteht in der lauteren und vollendeten Beherrschung jedes atomaren Körpers, mit dem man konfrontiert wird.
Jedes Atom wird insgesamt von drei elektrischen Ringen umgeben. Nur wenn diese drei Bänder auch im selben Rhythmus und im gleichen Takt schwingen, vermögen die Intelligenzen des Atoms ihre ganze Miniaturwelt zu beeinflussen.
Der innere Ring, den wir auf unserer Ebene das *Edam-Band* nennen, besteht aus der natürlichen Erinnerung, die dem jeweiligen Organismus angehört. Jeder physische Körper, den Du im Laufe Deiner Entwicklung getragen hast, setzte sich aus Atomen zusammen, deren innere Ringe die gespeicherten Eindrücke Deiner Pilgerreise, dem Weg dieses Werkzeuges entsprechend, wiedergaben. Um Dich von allen negativen Einflüssen der Vergangenheit, die Dich bedrängen, zu befreien, mußt Du aus Dir selbst heraus in der Lage sein, das Edam-Band innerhalb der Atome immer tätig in der Anhäufung konstruktiver Eindrücke zu halten. Zur rechten Zeit werden diese dann das gesamte Atom, sowie seinen Kern mit ihren erquickenden und positiven Energien nähren. *Durch die Stärke dieser ganzheitlichen Kräfte, die umsichtig über die bewußte Entscheidung des Menschen gewählt werden können, werden die latenten Träger negativen Willens rechtzeitig geläutert und zu neuer Aktivierung natürlich schöpferischer Kräfte angehoben werden.* Wenn dies eintritt,

wird derjenige, dessen Edam-Ringe auf diese Weise behandelt worden sind, nicht länger durch irgendeine Kraft der Vergangenheit oder Wiederholung jener Erinnerungen beeinflußbar sein.
Mit dem mittleren Band, welches wir *Poreas-Ring* nennen, mußt Du am sorgfältigsten umgehen. Sollte dieses Band, aufgrund von falschem Denken, Fühlen oder unguter Lebensweise, verzerrt und sein Rhythmus gebrochen werden, kann es sich entgegen dem Uhrzeigersinn bewegen oder seine innere Lebensenergie verlieren. Wenn es sorglos behandelt wird, kann sich dadurch zudem eine Zerstörung oder ein Zerfall des ganzen Atoms und seines Strahlungszentrums ergeben, was ein langsames Auslöschen seines Lebens zur Folge hat. Dieses mittlere Band, der Poreas-Ring, enthält jene Information, welche die Gestalt Deines physischen Körpers ausdrückt. Tatsächlich setzt es ständig Energien frei, welche die für die Vererbung zuständigen Gene innerhalb des physischen Körpers imprägnieren. Durch starke Aktivität wird die physische Erbmasse des Individuums wirksam und gezielt angeregt. Dieses Band beeinflußt, auch in diesem Augenblick, das, was Du entsprechend der vorhandenen Erbfaktoren jener, die zu Deinem Stammbaum beigetragen haben, noch entfalten wirst.
Eltern, denen es nicht gelingt, ihren Kindern Ähnlichkeiten ihrer selbst zu vererben, mangelt es an wirksamen Genen. Dies wiederum hat seine Ursache in nur schwach rotierenden und labilen Poreas-Ringen.
Wenn dieses Band beeindruckt, sowie von allen Störungen, schwächenden Einflüssen oder schlechter Funktionstüchtigkeit geläutert werden kann, wenn es zu positiven Speicherungen und Weitergaben seiner eigenen Kräfte motiviert zu werden vermag, dann wird sein gegenwärtiges Wirken Dich mit Gesundheit schenkenden Kräften verbinden; und was Dir an physischen Krankheiten auch ohne Dein Wissen von Deinen Vorfahren weitergegeben wurde, wird nicht zum Ausbruch kommen. Du wirst

im Gegenteil von diesen Ringen nur das erhalten, was Dir zu einem guten Leben und kräftiger Vitalität verhilft, sowie zu den besten Erbfaktoren Deiner Familie zu zählen ist.
Der dritte und äußerste Ring ist das Orium-Band, ein leuchtender Ring, der um jedes Atom rotiert. Einer physischen Sonne ähnlich bewegt es sich mit ungeheuerer Geschwindigkeit, und während dieser Bewegung spendet es Leben. Es gibt die Wirkungen, die dem gesamten Atom entstammen, an den jeweiligen Körper, in welchem es aktiv ist, in seiner Ganzheit weiter. Sind beispielsweise Atome im physischen Fuß verletzt, so wären alle drei Ringe betroffen. Der dritte Ring jedoch wäre besonders und merklich durch seinen langsameren Rhythmus und seine Unfähigkeit, seine elektrischen Energien in das Feld seines strahlenden Zentrums auszugießen, behindert.
Das Orium-Band weist insofern eine Besonderheit auf, als seine Aufgabe darin besteht, elektrische Ladungen, die dem Körper Leben verleihen, vom Zentrum des Atoms nach außen zu verteilen. Desweiteren wird sich ein Individuum entsprechend der Entladungen dieses Bandes entweder strahlender oder geschwächter Gesundheit erfreuen. *Da es sich um das sensitivste aller Bänder handelt, welches die umfassendsten Strahlungseigenschaft besitzt, vermag man es bewußt zu imprägnieren und in jedem Körper mit ihm zu arbeiten, damit es nicht nur in der richtigen Geschwindigkeit für die Einstellung einer strahlenden Gesundheit schwingt, sondern darüber hinaus noch empfänglich für jeden Wunsch und demütigen Befehl hinsichtlich neuer Entfaltungsmöglichkeiten wird.* Dieser Ring besitzt die Kraft, einen ganzen Körperteil oder ein einzelnes Organ zu neuen Ausdrucksformen zu erwecken. Es wird einen kranken Bereich zur Gesundheit transformieren oder einem alternden Körper die Ganzheit der Reife bringen, wenn es durch schöpferische Kräfte richtig genährt und bewußt gestärkt wird.
Die Bänder der Atome bilden die Kräfte, über welche die Aka-

sha-Chronik ihre Schätze hütet. Wenn ein Körper – physisch gesprochen – sein Leben beendet hat, werden alle atomaren Energien, die von den Ringen gesammelt wurden, zur Akasha-Chronik übermittelt.
Deine Aufgabe besteht darin, es besser zu verstehen, die atomaren Intelligenzen zu veranlassen, ihre Arbeit im rechten Rhythmus zu versehen, damit jedes Band das Atom aurisch umgibt, seine segensreichen Merkmale trägt und erhöhte elektrische Energien in das aurische Gesamtreservoir Deines Körpers entlädt.

Lade nach Deiner regelmäßigen Meditation und Deinem Gebet den Fluß göttlichen Lichtes ein, alle Deine Körper, beginnend mit dem Gottesfunken, zu durchstrahlen. Es sei Dir ans Herz gelegt, das Wort *Adonai* zu verwenden, um jenen Körper zu bezeichnen, welcher das Licht Gottes kanalisiert und bewahrt. Danach kommt natürlich Deine Seele. Schreite in dieser Reihenfolge fort, um alle Atome Deiner Körper zu reinigen, zu erneuern und zu stärken. Versuche, die Atome an neue Verhaltensmuster, Ausdrucksformen und Strahlungen zu gewöhnen. *Arbeite nicht eher mit den elektrischen Ringen, die die Atome umgeben, bevor Du nicht diese Übungen für alle Deine Körper ausgeführt hast.* Sprich daraufhin die Worte zur Läuterung der drei atomaren Bänder für alle Deine Körper zusammen. Eine weitere Übung, die nun notwendig wird, um Dir zu einer Vertiefung Deiner Arbeit hinsichtlich einer Beherrschung Deiner eigenen atomaren Energiefelder zu verhelfen, läßt sich folgendermaßen darstellen: Nachdem Du die Anweisung der Läuterung Deiner drei Ringe erteilt hast, fahre mit diesen Worten fort: *"Laß den Strom ewigen göttlichen Lichtes das Herz des Atomes erfüllen und es zu einem glühenden Zentrum werden – einer wahrhaftigen Sonne. Mein Körper möge, auf jeder Manifestationsebene, aus Licht bestehen, welches den unzähligen Sonnen in mir ent-*

*strömt.*" Diese letzte Übung besitzt die am stärksten kräftigende Wirkung und führt zu der gewünschten Transformation.

Die Atome der Frauen sind stärker auf inspirierende und intuitive Strahlung eingestimmt, da diese weiblich ist und die Mütter der Rasse prägen soll. Das zweite Band, das Poreas-Band, ist bei den Frauen wesentlich breiter als bei Männern. Es bildet das Einstimmungszentrum jeder Zelle. Männer sind mit Kräften aus der *Primären Quelle* ausgestattet, welche sie mit lebendigem Bewußtsein in dieser Welt versieht, jeweils ausgerichtet auf den Bereich, in welchem sie sich wiederfinden. Da die Männer mit einer solchen unüberwindbaren Lebenskraft polarisiert sind, sind sie sich hauptsächlich jener Welt bewußt, die ihr Alltagsbewußtsein ausfüllt. Aber Du hast die Lehre erhalten, Deine Atome, und damit Deinen Körper, besser zu polarisieren, damit Du auf alle Dimensionen gleichermaßen zu reagieren vermagst.
Es gibt ein Schlüsselwort, welches die Ausrichtung der atomaren Intelligenzen unterstützt. Es lautet "*Elam*". Für uns steht es für Om oder Gott, aber es besitzt auch eine unterstützende Wirkung, alle Körper, die auf die richtige Weise ausgerichtet wurden, im Gleichgewicht zu zentrieren.

IV. Kapitel

# *Ausrichtung in Krisensituationen*

*Es gibt nichts, was Du nicht zu erreichen vermagst, wenn es dem Geistfunken in Dir gestattet ist, helfend einzugreifen.*

Lerne, während Deiner spirituellen Anstrengungen zu entspannen. Ernst ist dort, wo er hinpaßt, angebracht. Dennoch entspricht diese Qualität dem Geist, während die Freude allen Deinen Körpern zuteil wird, die sich dem Göttlichen empfangend öffnen.

Halte Deine Körper im Gleichgewicht, verhilf ihnen zu einer so starken Entspannung, daß Du spürst, wie Du Dich selbst an die gewaltige Stärke des Dich stützenden Gottes anlehnst. Lerne, ausgewogenes Verständnis, geduldige Empfänglichkeit und eine entspannte Haltung auszudrücken. Dein Verstand rast – er wendet sich hierhin und dorthin, als verfolge er etwas, was aus sich selbst heraus schon belanglos ist. Um dieser Tendenz zu entkommen, dieser wahnsinnigen Beschäftigung mit Unwichtigem, mußt Du Dich nur auf ein Wort besinnen – *Gleichmut*. In ihm liegt der Schlüssel für Dein *Einssein mit Gott.*

Folge dieser Übung, wenn Du den Weg des Schülers beschreiten möchtest: Wenn Dich irgendein Ereignis vom Weg abzubringen scheint, ermahne Dich selbst mit den Worten: *"Dies ist ein Augenblick, um entspannte Beherrschung zu üben. Nun werde ich mich auf das Wahrhaftige besinnen, während ich die äußeren Aspekte dieser Situation beobachte und abwäge."* Solltest Du in Eile sein, laß zwar Deinen Körper hetzen, halte aber Dein Denken ausgeglichen. Nur wenn Dein Denken rast, verlierst Du den Zugriff zu der unüberwindbaren Kraft. Sollte Dich jemand durch unnötiges Geschwätz langweilen, sei aufmerksam, wohlwollend und rücksichtsvoll, aber sende gelegentlich mit ruhiger Fassung und starkem Impuls die stille Aufforderung aus: *"Friede, halte ein", oder "komme zu einem Ende, mein Freund."*

Lerne, wenn Du mit dem Auto fährst, durch Ruhe Deine Stärke zu bewahren. Wenn Du mit vielen Menschen beisammen bist,

und Dich Hektik, Eile oder lebhafte Gespräche umgeben, bemühe Dich um Gelassenheit. Der Geist vermag sich in die endlosen Höhen der Ewigkeit aufzuschwingen, während der Körper in Krisensituationen oder inmitten aufregender Ereignisse in geduldiger Beherrschung verharrt.
Führe Dich nicht wie ein verwirrtes Kaninchen auf. Du bist ein Mensch, der lernt, sich bewußt auf Gott auszurichten. Dieses göttliche Werk bedarf noch immer des Abschleifens durch die Hand des Schöpfers, so daß sich das Göttliche durchzusetzen vermag, während Du vor allen Dingen lernst, *stille zu sein.*

Es gibt einen Punkt, der ausschlaggebend für Dein Wissen und Handeln ist. *Du mußt Dich darum bemühen, spirituelle Unterscheidungsfähigkeit mitten in unerfreulichen Situationen, bei Traurigkeit, Krankheit oder Unglück zu üben.* Du mußt Dich in Krisensituationen besonders vertrauensvoll mit Deinem eigenen solaren Zentrum verbinden. Du mußt danach streben, Dich gedanklich zu den Ebenen der Lichtenergien zu erheben. Nachdem Du sie gefunden hast, mußt Du Dich durch Empfänglichkeit, Bitten und geistige Atemübungen soweit als möglich mit ihnen verbinden. Halte Dir in diesen Momenten vor Augen: "Dies ist die Quelle meiner Kraft. Hier liegt mein innerstes Heiligtum, welches für niemanden angreifbar ist – keinen Menschen, keinen bösen Willen. Ich vermag all jene, die ich liebe, sowie alle guten Dinge, die ich schätze, in die Fülle meiner Andacht aufzunehmen, und werde dies auch häufig tun. Das, was dem solaren Reich nicht voller Einheit, Schönheit, Kraft oder Planbeseeltheit angehört, wird meine Aufmerksamkeit nicht erringen."
Indem Du Dein eigenes Trachten auf die Beteuerungen und Sicherheiten, die die Seelenebene für Dich bereithält, ausrichtest, wirst Du Kräfte spiritueller Ausdauer, ungebrochenen Vertrauens sowie der Hoffnung auf positive Erfüllung Deiner Vorhaben

sammeln. Durch Deine Einstimmung auf das innerste Heiligtum wirkt ein Verbindungsstrom wie ein Pfad zwischen Deiner Innenwelt und Deiner objektiven Außenwelt. Laß das Versprechen des Schicksals und die Standhaftigkeit Deiner Seele Deinen Körper und die äußeren Umstände immer in Einklang mit den Bestimmungen des Geistes halten.

Möge Dich das Licht des Geistes umgeben und erfüllen. Sei Dir dessen bewußt, daß es zu unseren Aufgaben gehört, die Prüfungen jedes Jüngers zu erkennen und über ihn und die gesamte Menschheit zu wachen. Wann immer ein Jünger oder Schüler einen Nutzen für die Hierarchie verspricht, wird seine Stärke einer Prüfung unterworfen. Dies vermögen wir nicht zu verhindern, doch wir können den Weg zum Sieg weisen.

Wenn das Böse angreift, führt dies zu einem betäubenden Gefühl und einer Zeitspanne des Erduldens. Während dieses ersten Angriffes werden die Kräfte des Jüngers gestärkt und entfacht. Solltest Du durch die Wucht eines schrecklichen Feindes betäubt worden sein, dessen Motive von den Boten der Dunkelheit bestimmt sind, bedenke dies: Um einen solchen Gegner zu überwinden, mußt Du in diesen Situationen auf einen Willen bauen können, der im Namen des Guten stärker ist als die versuchenden Mächte. Dein Erfolg bei der Verteidigung einer gefährdeten guten Sache hängt von Deiner Fähigkeit, Behendigkeit und Intelligenz als ein *geistiger Krieger* ab. Aus einem erfolgreichen Kampf heraus mag es zu Deiner eigenen individuellen Läuterung von all dem kommen, was unbedeutend, falsch, dem Schein huldigend und unrein ist. Während solcher Gelegenheiten mußt Du zu großer innerer Abkehr von negativen Eigenschaften bereit sein, um unantastbar für Deine Feinde zu werden. Sobald jedes Atom und jeder Aspekt der gefährlichen Situation dauerhaft vom Bewußtsein des göttlichen Planes durchdrungen sind, wird keine Furcht oder ein den angreifenden Mächten Ausgesetztsein mehr existieren. Solche Ereignisse stellen Deine eigene Prüfung für den lichtvollen Plan dar, und aus unserer eigenen Erfahrung können wir Dir den Trost aussprechen, daß der Kampf zwar hart ist, der Sieg jedoch unvergänglich und glorreich.

Genau dann mußt Du unerschrocken, zuversichtlich, ruhig und voller Vertrauen sein – unerschrocken, um Deine Rechte zu verteidigen, zuversichtlich, daß das Licht stärker als das Dunkel ist; und zu all dem mußt Du furchtlos in den Kampf schreiten.

Glaube auch nicht für einen Moment, Deine Position sei hoffnungslos gefährdet. Deine Feinde stehen bereit, sofort zu reagieren, um Dir den Preis oder den Vorteil abzuringen, während Du noch betäubt bist. Du mußt ihnen stets eine entsprechende Antwort auf ihre Verschlagenheit und Habsucht entgegenbringen, nur müssen Deine Waffen jene der geschärften spirituellen Fähigkeiten und Kräfte sein.

Reagiere zu solchen Gelegenheiten nicht verwirrt oder ängstlich. Zeige stattdessen einen wagemutigen Geist. Dein Kampf gründet sich auf und ist für das Licht, und Du wirst nur dann siegen, wenn Du auf jeder Existenzebene unerschrocken und geistig gewappnet bist.

Von unserer Seite stehen Dir das Licht und die kosmischen Kraftquellen für alle Deine Gefahrensituationen zur Verfügung. Veranlasse das Licht, sich über Dich zu ergießen, Deine Bedürfnisse zu durchdringen und Deine Gedanken und Aktivitäten bei diesen Gelegenheiten zu überschatten. Vor allen Dingen begehe nicht den Fehler, Deinen Feind zu über- oder unterschätzen. Beurteile Deine Hilfsquellen und betrachte sie als Deinen Schutz. Erhebe Herz und Verstand zum Licht, und sei Dir der Gemeinschaft und des Schutzes jener bewußt, die Dich lieben und Dir zutrauen, Dich als heldenhaft fähig zu erweisen, jeden Kampf für das Licht auszufechten.

Es ist ratsam für Dich, in regelmäßigen Abständen die weißen Kämpfer Christi anzurufen, den dunklen psychischen Abgrund nahe der physischen Ebene anzugreifen. Wir wünschen uns, Du mögest Dich immer der zahllosen Legionen reiner Seelen erinnern, die dem Frieden dienen. Mögest Du selbst die unzähligen Heerscharen entdecken, die sich dem Schutz und dem Heil der Menschheit geweiht haben. Du kannst diesen Lichterheeren bei Deinem eigenen positiven und tapferen Wirken begegnen. Rufe sie in die Erdatmosphäre hinab. Führe sie in bestimmte Gegenden, die Du heute in Not weißt. Wiederhole: *“Oh Allmächtiger, laß mich von jenen Helfern umgeben sein, die die Dunkelheit vertreiben und das Licht mit sich führen.”*

V. Kapitel

# *Der Gottesfunken*

*In jedem von uns liegt ein Himmel verborgen, den wir nicht berühren – ein Ort gewaltiger Kräfte.*

Laß Deine Seele aus den Höhen der Hierarchie den Frieden empfangen, bade Dein Denken in geistiger Lauterkeit, und laß Dein ganzes Bewußtsein Gott zugewandt sein.
Wir wollen nun zu Dir über die größte Wahrheit sprechen, die in Dir ruht. Unsere Worte werden für Dich zur Grundlage Deiner meditativen Arbeit werden, die Du zu Beginn jedes Tages als einleitende Übung ausführen solltest. Hierbei handelt es sich um die wichtigste innere Arbeit, mit der Du Dich befassen wirst. Die Schwelle zum Göttlichen liegt in Dir, und Du besitzt selbst einen *Gottesfunken*. Anstatt diese heilige innerste Gegenwart als etwas Verschwommenes und Undefiniertes zu verstehen, mußt Du zu einem verstärkten Eins-Sein mit dieser *Innewohnenden Göttlichkeit* heranreifen. Rufe, nachdem Du die Einschwingungsübung ausgeführt hast, nach der Kraft der Dreieinigkeit auch den *Gottesfunken* an. Wenn Du zu der Erkenntnis dieser essentiellen Realität des Gottesfunken gefunden hast, mußt Du am Tor zu dieser Wirklichkeit innehalten und in aktive Gemeinsamkeit mit dieser innersten Göttlichkeit treten.
Wie vermagst Du den Gott in Dir zu erspüren? Zuerst mußt Du Dich in tiefer Wahrnehmung demütigen Wiedererkennens üben. Zweitens mußt Du Dich, voller Sehnsucht und Bemühen, dem Gebet vor dem Altar des Gottesfunkens hingeben. Achte während Deiner Erkenntnisübung darauf, Dein Bewußtsein gut ausgerichtet zu halten. Bleibe in der Position, in welcher Du Dich gerade befindet, wenn Du zur Gegenwart des göttlichen Lichtes aufschaust, das Dich durchstrahlt. Indem Du Dich in Deiner ganz natürlichen Meditationshaltung befindest, wirst Du die göttliche Gegenwart als Dein Höchstes Heiligtum empfinden – als das lichtvolle Selbst, welches Dich vollkommen und voller Leichtigkeit bis in die Tiefe einschließt, welche Haltung

Du auch immer einnimmst. Glaube nicht, dieses *Göttliche Selbst* sei in irgendeinem Bereich von Dir getrennt. Es zeichnet, auf der göttlichen Ebene, die natürlichen Umrisse Deines Körpers nach.

Drittens sprich jeden Tag mit neuer Ehrfurcht und Inbrunst zu Deinem göttlichen Selbst. Deine Worte sollten in etwa die folgenden sein: *„Oh, Göttlicher Funke, der du heilig und weise bist, lenke in jede Faser meines Wesens dein Licht, den Segen deines Geistes und deine transformierende Kraft. Hilf mir, deiner auf immer bewußt zu werden und von deinem Mysterium in Stille und Demut Zeugnis abzulegen. Dies möge geschehen im Namen deiner Heiligen Innewohnenden Gegenwart."*

Viertens wirst Du täglich ein paar Minuten in kreativer Kontemplation auf das Göttliche in Dir verbringen. Eines Tages wirst Du erkennen, daß dieser Gottesfunken, in seiner individuellen Form, in Stärke, Intelligenz und Göttlichkeit ein genaues Abbild der Vollkommenheit Gottes darstellt. Über den Gottesfunken segnet, inspiriert und erleuchtet Dich die Gottheit.

Fünftens muß nun das Einstrahlen des individuellen göttlichen Lichtes zur Erneuerung und Vervollkommnung des eigenen Wesens kanalisiert werden. Dies bezieht sich auf die Vergeistigung, Beherrschung und Anhebung der Schwingungen oder Vibrationszustände jedes einzelnen Körpers. Um dies zu erringen, wirst Du in grenzenloser Sehnsucht auf die Segnungen der innewohnenden Göttlichkeit warten, die jeden ihrer manifestierten Körper, vom Adonai abwärts, mit Energie auflädt. Nachdem Du so um den Segen des Gottesfunken gebeten hast, mußt Du, indem Du jeden Körper nacheinander einbeziehst, nach vollkommener Erfüllung durch die Gottheit und die Heilung der Eigenarten des jeweils betrachteten Körpers streben. Wende Dich nicht nur während einer Meditation sondern im Verlaufe der rhythmisch ausgeführten Besinnungsphasen eines Tages der Beschleunigung des Lebensstromes durch den Gottesfunken zu. In der zweiten Übungsphase des Tages solltest Du mit dem Adonai (Deiner wahren Individualität) beginnen, indem Du den Gottesfunken in Dir bewußt bittest, den Gesamtbereich Deines individualisierten Willens zu segnen. Diese Fähigkeit mag in Dir nur schwach ausgeprägt gewesen sein. Denke daran, eine Stärkung Deiner Willenskräfte zu erfragen.

Für Deine Seelenkräfte wirst Du um eine Stärkung bitten und besonders jene Seelenqualitäten oder seelischen Energien ansprechen, die zum Zeitpunkt der Übung einer besonderen Zuwendung bedürfen. Bist Du beispielsweise der Meinung, Deine intuitiven Fähigkeiten entbehrten einer ausreichenden Klarheit, und du könntest Dich nicht auf sie verlassen, wirst Du in einer Morgenübung um Kräftigung der wahrhaften und gottgegebenen Erkenntnisfähigkeit bitten.

An einem anderen Tag mag Deine schöpferische Fähigkeit merklich schwach sein. Dann wirst Du Dich über den Segen des Gottesfunkens, um ein Entfachen der „Feuer der Kreativität" bemühen.

Es ist ratsam, die Mentalwelt und die stärker irdischen Welten wenigstens einmal wöchentlich dahingehend zu behandeln, daß diese mit Strahlen der Gesundheit vom Gottesfunken durchdrungen werden. (Mit dem Aussprechen des Wortes *Gottesfunken* rufst Du Deinen individualisierten Strahl der lebendigen Gegenwart Gottes an, wissend, daß es sich hierbei um Deine individualisierte Gottheit handelt, die allen ihren Anlagen, die Dein Wesen ausmachen, Ausdruck, Leben und Richtung verleiht.) In dieser Phase Deiner Übungsarbeit wirst Du über Deinen individualisierten Gottesstrahl um göttliche Gesundheit bitten, damit diese auch auf der Mentalebene zu kraftvollem Wirken kommen kann. Hier wirst Du außerdem besondere Übungen zur Verbesserung von Kombinationsfähigkeit, Erkenntnis, Gedächtnis, Unterscheidungsvermögen und ähnlicher mentaler Kräfte ausführen.

Weiterhin mit Gesundheit beschäftigt, wirst Du auf der Astralebene Deinem Wunsch, daß sich die Gesundheit des Gottesfunkens in Deinem Emotionalkörper widerspiegeln möge, Ausdruck verleihen. Ruhig, bedächtig und gründlich wirst Du diesen Wunsch umsetzen, indem Du jene einzigartigen und mächtigen Eigenschaften, die die astralen Fähigkeiten harmonisieren, verfeinern, läutern, kräftigen und bereichern, in den behandelten Körper einstrahlen läßt. Auf vergleichbare Weise wird die Übertragung reinigender, erneuernder und Gesundheit spendender Ströme in den Ätherleib erreicht werden. Hier wird besondere Beachtung den ein- und abschließenden Energien geschenkt.
Eine ganze Übungsperiode sollte dem Ausstrahlen der mächtigen Energien des Gottesfunkens zur Gesundung des physischen Körpers gewidmet werden. Immer wenn Du darum weißt, daß Organe einer Vervollkommnung bedürfen, laß in entspannter Haltung die Energien des Gottesfunkens, die stärker noch als Röntgenstrahlen sind, das Organ durchdringen, welches offen vor der göttlichen Gegenwart liegt. Sprich dann Worte wie diese: *„Gottesfunken, laß deine Lichtkräfte meine Lungen, ... mein Herz, ... meinen Kehlkopf durchstrahlen."*
Achte darauf, daß Wörtchen *mein* in den Heilungsübungen für Dich selbst zu verwenden. Es darf sich niemals um oberflächliche, kurz gehaltene Momente der Einstimmung handeln. Du mußt Dich in tiefer Versunkenheit und demütiger Hinwendung auf den Gott-in-Dir befinden. Auf ähnliche Weise kannst Du die Stabilisierung der innewohnenden göttlichen Gegenwart und der göttlichen Kräfte für jene Angelegenheiten ansprechen, die schwierig für Dich sind, wie soziale Beziehungen, geschäftliche Besprechungen oder allgemeine Krisensituationen. Lade das herrliche göttliche Selbst, welches in Dir ist, ein, begrüße es, vertraue ihm und ehre es.

Der Gottesfunken besteht aus Lichtsubstanz – aus Göttlichem Licht. Es setzt sich aus den Entsprechungen von Intelligenz, Willen, Liebe und Bewegung zusammen.
Dieser Teil Deiner inneren göttlichen Intelligenz vermag durch Reflexion zu Deiner eigenen Verstandeswelt zu werden. Jene Qualität, die wir Liebe nennen und die einen wahrhaften Aspekt Deiner inneren Göttlichkeit darstellt, wird, in die Tiefe widergespiegelt, zu Deiner Gefühlswelt. Wisse daher, daß in Deinem Gottesfunken eine Mischung all jener Eigenschaften vorhanden ist, die konstruktiv wirken und die bestimmte Charakteristika in den tieferen Bereichen der Widerspiegelung des Gottesfunkens umfassen. Sprich daher in Momenten, in denen Dein Verstand der Klärung oder Anregung bedarf, zu Dir selbst: *„Der Gottesfunken in mir strahlt nun seine Intelligenz in jeden Teil seiner selbst aus."* Lasse dann den Verstand darauf reagieren.
Stellt sich die Verfassung des Astralkörpers negativ dar, wirst du sagen: *„Der Gottesfunken in mir strahlt seine Liebe, seine Harmonie und seinen Frieden in alle Aspekte meines individuellen Wesens aus. Meine Gefühle seien durch das Ausstrahlen der göttlichen Impulse transformiert und regeneriert."*
Das göttliche Selbst ist nicht eher in der Lage, die Herrschaft über seine manifestierten Aspekte zu übernehmen, bis die niederen Formen durch ein Sehnen nach Überschattung in dieser Weise erweckt werden; dann wird das Leben, welches zwar gegenwärtig jedoch unerkannt war, zu dem beherrschenden und energetisierenden Einfluß werden. Nur ein vollkommenes Bewußtsein, wie jenes einer Meisterseele oder eines Gottessohnes, verwirklicht in vollem Maße die Kraft, das Bewußtsein und das Leben, welches Dein eigener Gottesfunken besitzt. Keine Kraft oder Intelligenz steht Dir so nahe oder ist so unmittelbar wirksam wie Deine individuelle Göttlichkeit. Wenn Du Dich in den Schmerzen einer Prüfung oder auf dem Höhepunkt gewalti-

ger Gefühlswallungen befindest, erinnere Dich daran, daß die Göttlichkeit, die in Deinem innersten Zentrum ruht, im Hinblick auf Deine dringendsten Bedürfnisse für Dich am leichtesten zugänglich und verfügbar ist.
Glaube nicht, bei Deinem Gottesfunken handele es sich nur um eine "Geistererscheinung" oder gar nur um eine flackernde Flamme. An Größe und Strahlkraft überragt Dein individueller göttlicher Aspekt verständlicherweise jeden anderen Körper, der Dir von denen Deines eigenen Wesens bekannt ist. Dieser *Göttliche Geistfunken* hat seine Heimstatt auf ewig in den Reichen des göttlichen Lichtes. Nicht einmal für einen Augenblick hat er eine Trennung von den Quellen seines eigenen Ursprungs erfahren.
Alles, was Du jetzt darstellst, ist das Ergebnis des unklar oder klar ausgerichteten Interesses des Gottesfunken an der Erweiterung oder Verstärkung individueller Entwicklung. Eine schwächliche Körperkonstitution oder eine unangemessene Lebensweise beruhen oftmals auf mangelndem Interesse des Gottesfunkens an den äußeren Umständen des Lebens. Daher ist es für Deine täglichen Andachten so ungeheuer wichtig, Deine individuelle Göttlichkeit – Du magst sie auch *Göttlichen Geistfunken* nennen – auf all die Interessen und Erfahrungen hinzuweisen, die Du, als der Denkende, einbezogen, belebt und beherrscht wissen möchtest. In spiritueller Geduld erwarte und empfange dann als nächstes die Wohltaten seiner Überschattung.
Drittens rufe an und empfange den belebenden Einfluß, der aus der Erfahrung entspringt, die in der okkulten Terminologie als "Große Überstrahlung" bekannt ist. In diesem dritten Zustand wird die Herrschaft des Gottesfunkens zu einem bewußten Aspekt Deines eigenen Selbst.
Rufe Dir häufig während Deiner Meditation in Erinnerung, daß der Gottesfunken die Möglichkeiten eines Logos besitzt und

Verbindungen zu jedem entwickelten oder vollendeten Logos des jeweiligen Systems aufrechterhält. In sein unbegrenztes Netzwerk sind auch jene ursprünglichen Logoi eingebunden, deren Gedanken (so wollen wir es hier nennen) und Sakramente der Liebe kontinuierlich die heimischen Ufer Deiner Göttlichkeit mit ihren Fluten umspülen. Mit den vibrierenden Wohltaten des Solaren Logos, der über unsere eigene Galaxie herrscht, oder des Logos, der allen bekannten 'Inseln' im Universum vorsteht, in Austausch zu treten, manifestiert solche Kräfte in Dir. Um jene erquickenden Energien der Sonne spirituell zu empfangen, mußt Du über die Brücke Deines eigenen göttlichen Selbst eine Verbindung zu entsprechenden Energien aufnehmen. Wäre dieses göttliche Selbst noch unerwacht und unbewußt, würden Dich die Kräfte des Solaren Logos nur unvollkommen berühren. Sei daher wach und stelle Dich über Deine Göttlichkeit in Dir auf alle die erwachten Logoi innerhalb des Reiches des Lichtes ein.
Denke daran, um Krankheit, Unvollkommenheit und Begrenzungen jeder Art zu korrigieren, mußt Du Dich zuerst nach innen wenden und Dich unter die Wachsamkeit und Aufmerksamkeit Deines eigenen Gottesfunkens stellen. Da er eine hochintuitive Fähigkeit besitzt, vermag er Dich mit Hilfe Deiner Gebete mit den Strömen göttlicher Inspiration zu verbinden. Dir sind die Herrlichkeit und alle Aspekte eines Gottes zu eigen. Bemühe Dich nun, sie willentlich und kontrolliert ausstrahlen zu lassen!

Wann immer Du Zeuge eines Sieges von Gut über Böse bist, präge Dir ein, stets demütig, treu und tapfer zu sein, so daß das Göttliche Licht Deinen Handlungen die Richtung zu weisen vermag.
Wenn Du während Deiner Bemühungen für das Licht kampfesmüde wirst, solltest Du diesen Anweisungen zur Neuausrich-

tung und Konditionierung Deiner inneren Körper und ihrer äußeren Schalen folgen.
Richte Dein Bewußtsein bei Deiner ersten Übung am Morgen, nachdem Du die Einschwingungsübung ausgeführt hast, auf den Gottesfunken in Dir aus und bitte: *„Heilige und vollkommene Dreiheit, erfülle Dein Werkzeug mit vermehrter Weisheit und Leben. Laß die heilige, vollendete Flamme Deines Gottesfunkens die göttliche Stärke bis zu den äußersten Rändern des Bewußtseins weiterreichen. Laß die Individualität deines Adonai erneut mit den göttlichen Feuern der Beseelung durch die Gottheit bekleidet werden. Veranlasse nun das Ich-Bin-in-mir zu einer reinen und eindringlichen Ausstrahlung der Schwingungen wahrer und unzerstörbarer Individualität, die auf dem Gottesfunken gründet und von ihm aufrechterhalten wird. Bringe die Energien der Kausalwelt hervor, die mich dergestalt umspülen und berühren, daß sie die Empfänglichkeit meiner Seele für das neue und nährende göttliche Leben verstärken.*
*In diesem Existenzbereich sind die auf mich wirkenden Kräfte alchimistisch, kreativ, magisch, heilend und belebend."*
Dir diese Realität vor Augen haltend, wirst Du folgendermaßen fortfahren: *„Göttliche Lichtströme, durchstrahlt meine Seele und mein ganzen Wesen mit frischer Lebenskraft. Laßt mich in jedem Gewand meines Seins bewußt diese Frequenzen aus den höchsten Ebenen und Regionen der Kreativität und Erneuerung empfangen. Laßt all das, was unvollkommen und dumpf in meinem Seelenkörper ist, nun in der Anmut bleibenden seelischen Entzückens und der Erneuerung erstrahlen. Laßt alle dunklen Bereiche mit Licht erfüllt werden. Alles, was schwach ist, möge durch die Transformation der Stärkung des Charakters geläutert werden. Ich möchte in meinem Seelenbewußtsein jede Faser glückseliger Erleuchtung willkommen heißen, auf die ich mich würdig einzustimmen vermag.*
*In Andacht möchte ich um die Läuterung meines Mentalkörpers*

*durch die Kräfte vertieften Strebens bitten. Ich gelobe, meine Gedanken beständig nach oben hin auszurichten. Laßt meine aufstrebenden Gedanken jene Bereiche mentaler Kraft finden und berühren, die mich, sobald sie erreicht wurden, durch das Ausströmen ihrer guten und Gott-erfüllten Ideen segnen.*
*Ich heiße neue, wahrhaftige, freudige und mein Bewußtsein erweiternde Erkenntnisse und die Gewißheit einer end- und zeitlosen Realität willkommen. Vor allen anderen gedanklichen Erkenntnissen laßt mich um das Geschenk des Gottesfunkens wissen.*
*Göttliche Quelle meines eigenen Wesens, ich bitte dich im Namen meines lebendigen Gottesfunkens, meinen Begierdenkörper zu erfüllen und zur Ruhe zu bringen. Leite mich an und verhilf mir zu einem schöneren und vertrauenswürdigeren Astralleib. Ich strebe nach dem Guten. Ich gelobe, meine Gefühle und Begierden ebenfalls nach oben hin auszurichten. Ich verankere meine Gefühle und Begierden in jenen höheren Emotionalbereichen, die meinem Astralkörper Schönheit, neue Ideale und Transformation verleihen werden.*
*Sende in meinen Energieleib die 'Göttlichen Feuer' verstärkter und erhöhter Energie und Gesundheit. Ich verspreche, mich ebenfalls auf das Licht auszurichten, indem ich immer der Kräfte gedenke und nach ihnen strebe, die Gesundheit und bleibende positive Energie in die äußersten Körper tragen.*
*Für meinen physischen Körper, himmlischer Gott, bitte ich um Läuterung, um Regeneration und um die segnende Einstrahlung der zentralen Gottesfeuer, welche allen Teilen, die die Gesamtheit des physischen Leibes bilden, immer zu einer Anregung verhelfen. Ich lebe selbst in dem physischen Mantel, der seine Heimstatt auf der Erde hat, zum Göttlichen hin ausgerichtet, denn ich gelobe, auch in dieser äußersten Form immer dessen eingedenk zu sein, daß ich in Gott ruhe, daß das unermeßliche und gewaltige göttliche Leben in mir selbst zu Hause ist. Ich werde mein Mög-*

*lichstes tun, das Geschenk der Göttlichkeit willkommen zu heißen, zuzulassen und dazu beizutragen, daß es zu einer sichtbaren Realität in meinem physischen Wesen wird."*

Wenn Du gelernt hast, diese Art der Übung vollendet auszuführen, vermagst Du eine intensivierte Taufe durch den Heiligen Geist wahrzunehmen. Mögest Du ein starkes Fundament im Licht errichten, daß die Dunkelheit für Dich nicht mehr existiert, solange du im Geschenk der Göttlichkeit lebst, Dich bewegst und wesenhaft bist.

VI. Kapitel

# *Die Bedeutung von Entscheidungen*

*Die Vorbereitung auf die Jüngerschaft beginnt immer dann, wenn ein Individuum sich bewußt aufmacht, sein eigenes Glück in die Hand zu nehmen – das Ziel und den Wesenskern seiner Existenz ins Auge faßt – und die Überwindung von all dem anstrebt, was es bindet und vom Licht oder von Gott fernhält.*

Um zu einem Jünger zu werden, ist die wesentliche Eigenschaft, die der einzelne erwerben muß, jene der *Entscheidungskraft.* Bis zu diesem Zeitpunkt ging es um Charakterbildung, weshalb Dein bewußtes Verhalten auf dieses Ziel hin ausgerichtet war. Dementsprechend liegt, seit Du Dich der Vollendung der Jüngerschaft verschrieben hast, Dein Augenmerk auf der Entscheidungskraft. Augenblicklich mußt Du zwischen disziplinierter Anstrengung und entspanntem Zurückfallen in nebulöse Phantasien und Vergnügungen verführender Dunkelheit wählen. Bei Deiner Entscheidung, weiter nach vorne zu schreiten und Untreue, Zaudern und Halbherzigkeit hinter Dir zu lassen, kommst Du Schritt für Schritt, Deiner Sehnsucht entsprechend, göttlicher Vollendung näher.

Heiße die himmlischen Kraftströme willkommen, und polarisiere Deine Körper in ihrem Licht, um nicht weiter mit Formeln und Techniken für den spirituellen Gebrauch belastet zu sein. Suche einen Weg, um Deinen Verstand vor Verwirrung zu schützen. Lerne, in jedem Augenblick, der Dir zur Verfügung steht, klar zu denken und konkret zu handeln. Gestatte niemandem, Dir Deinen Frieden zu rauben. Wisse, daß nur jene Ruhe, die eine spirituelle Wirkung zeigt, einen Wert besitzt. Laß die persönlichen Feuer des Fanatismus aussterben und genieße das Einströmen und Vermischen der Kräfte Deiner Seele mit Deinem äußeren Leben. Laß die seelischen Eigenschaften über das Göttliche in Dir zu einer stärkeren Entfaltung in Deinem äusseren Leben heranreifen. Jeder von Euch ist von der geistigen Form seiner heiligen und wunderschönen Bestimmung umhüllt. Es gibt einen Schutzgeist, der mit Deinem Lebensplan und dessen Auswirkungen verknüpft ist. Wenn du dieses Schutzgeistes für das heilige Ziel Deiner Seele gedenkst, wird Dir geholfen werden, wahrhaftig zu sein, das Wesentliche zu erkennen, Entscheidungskraft zu erlangen und Dich "meisterhaft" in der äußeren Welt zu bewegen. Versäumst Du dies, werden Deine Ziele verblassen, und Du wirst in der Erfüllung dessen träge werden, was Dir aufgetragen wurde. Gestatte daher der Welt nicht, als Deine Versucherin zu erscheinen. Erlaube einer energielosen Natur nicht, Dein Gefängniswärter zu sein. Halte durch aufmerksames Lauschen Deine demütige, heilige und uneingeschränkte Gemeinschaft mit den Wächtern des geistiges Planes aufrecht, um Dir Furchtlosigkeit und die Gabe zu schenken, Deine gottgegebenen Pflichten ohne Widerstände aus Dir selbst oder von Seiten der Welt zu erfüllen.

Um Dein ganzes Leben unter die Führung des Herrn Christus und seiner Hierarchie zu stellen, so daß Deine inneren und äußeren Angelegenheiten im Einklang mit dem göttlichen Willen stehen, müßte sich Dein Bemühen folgendermaßen gestalten: Du mußt derart nach Aufrichtigkeit hungern und dürsten, als würdest Du ohne diese sterben. Indem Du das Bewußtsein immer rein hältst und Dich der Unmittelbarkeit des göttlichen Seins zuwendest, wirst Du Dein Zentrum finden. In dieser Zentriertheit wirst Du Ausgeglichenheit, Weisheit, Frieden und Belebung erfahren. Der selbst-beherrschte Mensch, in immerwährender Liebe zur Gottheit wirkend, zieht die *Göttliche Gegenwart* in die Manifestation jedes Augenblickes. Wende Dich daher dem Wichtigsten zuerst zu, und Du wirst Zeit sparen, wirst Dich aus Deinem Inneren heraus wohlfühlen, und Dir wird vom Geist der Weg zu stetigem Fortschritt, spirituellem und praktischem, gewiesen werden. Im Laufe der Zeit werden sich die Pflichten häufen, aber in gleichem Maße die Flügel der Kraft, mit denen Du sie zu stemmen vermagst. Man erwartet von Dir, daß Du die symbolischen Schwingen spirituellen Hochfluges in Deinem Erfahrungsbereich willkommen heißt. Erkenne diese Schwingen als ein Zeichen wirklichen Wachstums. Trage ihr Symbol immer bei Dir. Halte Dir bei jeder Prüfung der Seele den Gedanken vor Augen: "Aus diesem Kampf heraus wird nicht nur vermehrtes Wissen und tiefergehende Geduld erwachsen, sondern ich werde auch neue *Flügel* erhalten." Die großen Engel weisen die Symbole ihrer seelischen Siege auf, die von Euren inspirierten Künstlern als Flügel wiedergegeben wurden. Dabei handelt es sich keinesfalls um Bewegungswerkzeuge, sondern um ein Muster ihrer Auren, welches sich wie bei dem Federschmuck der Indianer ihrer Tapferkeit entsprechend vergrößert. Auch Du gewinnst für jeden neuen Antrieb, jedes entscheidende Opfer oder jede Hingabe an die richtige Sache Elemente in Deiner Aura, die Deine "Flügel" darstellen – jeweils *neue* für *neue* Siege.

Das Leben von der Seelenebene her bedingt ein Verhalten aus beispielhafter Liebe heraus. Die Liebe, die der Seele entströmt, schwingt voller Wahrheit, Zärtlichkeit, Reinheit und tiefem Gefühl für die Belange der Geliebten. Diese Liebe verurteilt nicht; sie sieht die Unvollkommenheiten, aber gerade dadurch strömt sie die Liebe noch stärker aus. Aber diese Liebe besitzt gleichermaßen Weisheit und Gerechtigkeit und weiß darum, wann sie sich selbst schenken und, da die Liebe vom Empfangenden verdient sein soll, voller Vertrauen ausharren muß, falls sie nicht entströmen darf. Lebst Du von der Seelenebene her, bist Du erwachsen. Du kennst keinen kindischen Stolz, keine Ausreden oder Ausflüchte und kein Herausreden mehr. Nur die Verpflichtung an die Wahrheit aus sich selbst heraus bleibt bestehen.

Derjenige, der von der Seelenebene her lebt, ist allzeit demütig und nimmt vieles wahr, was seine Verehrung noch verstärkt. Das, was er in anderen von der Seele sich offenbaren sieht, entfacht und erweitert seine eigene Ehrfurcht. Wer von der Seelenebene her lebt, ist freundlich und selbstlos. Ein solcher würde der ganzen Welt die Erkenntnis verdienten Glücks bringen. Derjenige, der von der Seelenebene her lebt, besitzt Selbstbeherrschung. Dergleichen ist er der Herr seiner mentalen Fähigkeiten. Für ihn gibt es keine Gedankenlosigkeit; denn wenn seine Charakterstärke aufscheint, manifestiert sich auch seine Willenskraft. Seelenbewußtsein heißt Selbstbesinnung und Eigenverantwortung ohne Eigensinn. Dies seien Saatgedanken für Dich, die Du als Grundton zur täglichen Einstimmung und für Deine wiederholten Bemühungen anwenden magst, bis Dein Fortschritt bei der Selbstüberwindung neue Stufen der Jüngerschaft erringt.

Werde aktiv, instinktive Trägheit und Widerstand aufzulösen und zu überwinden, indem Du jeden dieser Angriffe beispielsweise mit den Gedanken einleitest: *„Ich lasse in diesem Augenblick, in welchem ich ihre Schwingung fühle, keinerlei Aufregung oder Irritation zu. Stattdessen möchte ich Frieden, Liebe und Geduld diesem Menschen gegenüber oder für diesen Menschen ausstrahlen."*

Zu einer anderen Gelegenheit magst Du sagen: *"Mein Körper würde sich gerne ausruhen, aber ich möchte seine Muskeln durch richtiges Training geschmeidig, gesund und kraftvoll werden sehen. Meine Instinktnatur wendet sich dem zu, was ihrem Geschmack angenehm erscheint, aber ich wähle das, was den inneren Menschen durch weise Vorbereitung sowie Verzehr ganzheitlicher und nahrhafter Speisen belehrt und kräftigt."*

Im Zusammenhang mit Deinen Beziehungen zu Deinen Mitmenschen ist es immer weise, über jeden Deiner Körper und in

Deinem gesamten Verhalten die Loyalität und die Schönheit spiritueller Bruderschaft auszudrücken und zu manifestieren. Wenn Deine Gewohnheit, die, die Dir lieb und teuer sind, als geistige Geschwister anzusehen, stabil und gefestigt ist, wirst du auch in der Lage sein, allen anderen Seelen auf dieser Ebene zu begegnen. Deine geistigen Übungen werden nur dann zu einem "Pflichtakt", wenn Du sie ohne Vorbedacht oder kreative Einstimmung angehst. Gedenke stets der Welten voller Licht, Kraft, Schönheit und Erfüllung, die jede Deiner Handlungen und Gedanken zu unterstützen und transformieren vermögen, wenn Du Dein Bemühen, so bescheiden und einfach es auch sein mag, vor den Hintergrund dieser übergeordneten Realitäten stellst. Das Leben kann nicht mehr aus reinem Pflichtgefühl heraus methodisch, gezwungen oder routinemäßig gelebt werden, wenn man die Ewigkeit mit ihrer umfassenden Bedeutung und Kreativität einbezieht und bei jeder Handlung willkommen heißt.

Jene, die in einen Lebensabschnitt eintreten, in welchem ihre Anstrengungen aus göttlichen Anweisungen heraus und im Dienst Christi geschehen, vernachlässigen keinesfalls ihre Familien und Freunde. Sie übergeben sie nur der Obhut der Ewigkeit und treten, diese immer noch in ihre Liebe einschließend, als Jünger in ein völlig anderes Lebensumfeld ein. Die neuen Verbindungen, sowohl physisch als auch metaphysisch, bilden, geistig betrachtet, ein weitaus stärkeres Band als die persönlichen Beziehungen, die aufzugeben man Mut aufbringen mußte. Hörst du Worte der Kritik von Deiner Familie, sprich zu dir selbst: *"Dies ist meine irdische Familie. Ich liebe sie ebenso wie meine Brüder und Schwestern, die mit mir zusammenarbeiten – die meiner ewigen Familie angehören."* Du mußt Deine Zuneigung und Zuwendung für einen jeden auf die Stufe anheben, wie Du sie für Deine geistigen Geschwister kennst. Vergiß niemals, daß Deine vorwiegenden Bedürfnisse und Freuden, sobald Du in ein Leben der Jüngerschaft eintrittst, im Lernen und in der Entfaltung liegen. Menschliche Abhängigkeit und Zuneigung dürfen Dir nicht mehr soviel bedeuten wie die Erfüllung Deines ersten Zieles – ein immer stärkeres Einssein mit dem sich entfaltenden, ewigen Gott. Schau niemals zurück oder auf Dein altes Heim, sondern stets nach vorn in die Gegenwart und die Zukunft sowie in die Ewigkeit, denn nur aus dieser Richtung werden Deine tiefsten Freuden und Deine wertvollsten Erfahrungen kommen. Für Menschen mittleren Alters ist es, wenn nur irgend möglich, ratsam, die Brücken zu alten Dingen dergestalt einzureißen, daß sie sich ein neues Heim einrichten, welches neue Einrichtungsgegenstände und Möbel enthält, die die neue Lebenskraft, den Segen und die Schönheit symbolisieren, die sie gerade bewußt erworben haben. Ein solcher Wechsel mag menschliche oder finanzielle Opfer zur Folge haben, doch dabei handelt es sich nur um einen kleinen Preis, verglichen mit der Fülle der Wohltaten, die man erwirbt, wenn man in Einklang mit dem eigenen Wissen lebt. Der Jünger, der sein Leben auf dem Glauben gründet, kennt keinen Verlust. Ihm wird das unermeßliche Geschenk des Geistes zuteil werden, und sein Leben wird unmißverständliche Zeichen göttlicher Überschattung offenbaren.

Es bedeutet eine ungeheuere Anstrengung, die alten Verhaltensweisen abzulegen, die auf Angst, Selbstbeschränkung oder übertriebener Sparsamkeit gründen. Es zeugt nicht von Weisheit, sich selbst das Gute, die Schönheit oder die Bequemlichkeit zu verweigern, die man anderen zubilligen würde. In dieser Entwicklungsphase mußt Du das genießen, was Du auch anderen wünschen würdest. Du mußt die Schönheit willkommen heißen und Dir sogar schöne Dinge kaufen, wissend, daß nicht nur Du Dich an der Kraft dieser spirituellen Investition erfreuen wirst, sondern auch andere durch die Betrachtung oder das Erspüren der schönen Emanationen dessen, was Du zur sichtbaren Verschönerung Deines Heimes gewählt hast, erquickt werden. Suche nach bleibenden Werten, die Du Dir auch wirst leisten können, wenn Deine Wahl und Dein Vertrauen sich genügend vertieft haben, um sie schätzen zu können. Diese Anregungen sollten von all denen in Betracht gezogen werden, die ihr Leben als eines der Jüngerschaft leben wollen. Luxus läßt sich durch nichts entschuldigen; aber Du solltest bei Deiner Auswahl auf Schönheit achten – Schönheit und Schlichtheit – sowie auf all die mechanischen Einrichtungen, die Dich das Leben von der äußeren Seite her durch weise und vertrauensvolle Lebensführung so weit als möglich frei gestalten lassen. Begibst Du Dich in diesen Bereich, unterliegen Deine äußeren Angelegenheiten der Aufmerksamkeit der Hierarchie Christi. Wenn Du den geistigen Prinzipien vollkommen vertraust, wird es Dir möglich sein, die Ebene Deiner täglichen Umgebung anzuheben. Wir werden nun in eine weitere Betrachtung der Jüngerschaft eintreten, nach der Dein inneres Selbst strebt und durch die Du in Lebensphasen, in denen Du bewußt nach Selbstüberwindung trachtest, Vorteile gewinnen wirst.

Zusätzlich zu den Gedanken, die wir mit Dir hinsichtlich der Kräfte und Eigenschaften geteilt haben, in denen Du Dich üben mußt, nimm in diese Liste auch die *Unterscheidungsfähigkeit* auf. Das auffälligste Versagen der Menschen liegt in der mangelnden Fähigkeit, Gottesliebe vor die Eigenliebe zu stellen. Wird dem einzelnen diese Problematik bewußt, gewinnt die Forderung nach Unterscheidungsfähigkeit immer größere Bedeutung. Du mußt lernen, indem Du ein noch umsichtigeres Leben führst, die vertrauten und unbekannten Menschen um Dich herum besser einzuschätzen. Bevor Du eine Entscheidung fällst, mußt Du Deine Wünsche und Motive überdenken. Vermagst Du bewußt wahrzunehmen, wie Dich die Versuchung anweht, mußt Du Dich um kontrollierte Rückorientierung bemü-

hen; diese Fähigkeit muß bereits erworben werden, wenn die Versuchung noch nicht vorhanden ist. Lassen Dich die Dämonen der Versuchung aus den niederen Regionen durch ihren plötzlichen Angriff frösteln, muß Deine bereits erworbene Eigenkontrolle in Bereitschaft für erneute Entscheidungsfähigkeit und bewußte Zurückweisung des Angriffes umgesetzt werden.
Viele Menschen besitzen eine natürliche Unterscheidungsfähigkeit. Sie empfinden intuitiv, zu wem sie über diese heiligen Wahrheiten sprechen, und wem gegenüber sie eher zurückhaltend sein sollten. Jemand, dem diese innere Weisung fehlt, sollte in keinem Fall über irgendeine dieser großen heiligen Wahrheiten sprechen. Der jeweilige Gesprächspartner muß sich, nach und nach und aufgrund seines Handelns, als würdig oder unwürdig für einen gegenseitigen Austausch zeigen. Eine alte Impulsivität vermag nur dann überwunden zu werden, wenn diese erkannt und eingestanden wird. Oftmals bewirken impulsiv ausgeteilte Geschenke nicht mehr, als wären diese gar nicht weitergegeben worden. Lerne aus diesem Grunde abzuwägen, bevor Du sprichst oder handelst, indem Du alle Seiten in Betracht ziehst – die Deine, jene Deines Nachbarn, Deine jetzige Evolutionsstufe, den Zeitpunkt innerhalb der Weltgeschichte. Frage Dich selbst, wenn Du bei Dir auf eine Intention aus Impulsivität heraus stößt: *"Zeigt sich darin Weisheit? Liegt die Motivation für diesen Wunsch einfach darin, mich von der Seelenqual über die Misere eines anderen zu befreien, oder wird mein Handeln eine lang anhaltende, segensreiche Wirkung auf diesen haben? Ist er bereit, von innen heraus zu profitieren, sowie aufgrund meines Vertrauens weiser, stärker und empfänglicher zu werden?"* Diese Überlegungen solltest Du anstellen, um Deine eigene Unterscheidungskraft stärker zu kultivieren.
Oftmals schüttest Du Deine Liebe mit vollem Herzen aus, was auch richtig ist. Aber Du magst das Ziel Deiner Zuneigung sowie Deines Geschenkes schlecht ausgewählt haben, und Deine

Gabe hätte einem der Allgemeinheit zugute kommenden Zweck noch weit intelligenter dienen können.
Bemühe Dich, wann immer Du in Versuchung geführt wirst, einen Ruhepunkt zu finden, indem Du abwägst, ob das jeweilige Objekt oder die jeweilige Handlung, zu der Dich Deine Emotionen treiben wollen, dem Licht öffentlicher Akzeptanz standhalten, oder das Licht Deiner eigenen Anerkennung auch noch in zehn Jahren verdienen wird. Du darfst Dich nicht länger durch bloßes Verlangen treiben lassen, denn derartige Wünsche wiederholen sich ständig und führen nur zu noch stärkerem Verlangen. Werden die Wünsche vernunftsmäßig und für einen anhaltenden, spirituellen Zweck nutzbar gemacht, wirst Du Dich ihrer nicht schämen.
Die abschließende Betrachtung soll dem *Vertrauen* gewidmet werden. Es ist wichtig Menschen, Ideen, der Zeit und dem Leben selbst zu vertrauen. Was Du erwartest, mag nicht immer bis in jede Einzelheit dem entsprechen, was Du Dir vorstellen könntest, aber auf lange Sicht wirst Du entgegen Deiner bisherigen Erfahrungen mehr erreichen, wenn Du bei Deinem Zusammenwirken mit anderen Menschen Vertrauen erkennen läßt. Dein Vertrauen muß wie ein Scheinwerfer wirken, dessen Funktion darin besteht, Licht und Wärme in die Herzen jener einstrahlen zu lassen, auf welche Du diesen richtest. Vertrauen sollte keinesfalls Unterscheidungsfähigkeit ausschließen oder zu mangelndem Eigenrespekt führen. Halte Dich im Gleichgewicht; nimm einen klaren Standpunkt allen anderen Seelen gegenüber ein. Wem Du Dein Vertrauen schenkst, dem mußt Du auch geistig vollkommen vertrauen. Wenn Du denen, die Deine Liebe für würdig befindet, diese Einstellung entgegenbringst, solltest Du auch weitherzig, geduldig und weise genug sein, Sticheleien, Unbequemlichkeiten, Vorbehalte und Störungen durch das äußere Selbst Deines Freundes zu übersehen. Dein Interesse sollte sich nicht auf seine äußere Persönlichkeit rich-

ten. Dein Scheinwerfer – der große, alles durchdringende und kraftvolle Scheinwerfer des Geistes – muß sich auf das innere Selbst Deines Gegenüber ausrichten, welches Du liebst und welches durch Dein Vertrauen Nahrung, Wärme und geistige Labsal empfängt. Entspricht dieser Mensch nicht dem, was Du Dir vorgestellt hattest, wird er dabei unterstützt werden, dem Ideal näherzukommen, wenn Du anhaltend das Licht auf ihn richtest, welches bis in seine inneren Tiefen zu dringen vermag. Es wäre im Moment nicht ratsam für Dich, alle Menschen auf diese Weise zu behandeln, denn bisweilen können Betrüger ihre Heucheleien verbergen, und vielen Betroffenen fehlt die Unterscheidungskraft, dies zu bemerken. Richte jedoch die liebevolle Wärme des Vertrauens auf die unschuldigeren, wahrhaft bemühten Kinder des Lebens, und werde Zeuge, wie sehr diese unter einer solchen Behandlung aufzublühen vermögen. Deine Unterscheidungskraft wird sich mit der Zeit zu größerer Vollkommenheit heranbilden, und dann wird Dein Umgang mit anderen einen größeren Bogen hinsichtlich einer reinen Einbeziehung derselben schlagen können.

Als Aspirant für die Jüngerschaft unterstehst Du der aufmerksamen Beobachtung der Mitglieder der Hierarchie Christi, die um den Wert und das Ausmaß Deiner Bemühungen wissen. Einige von Euch vermögen weder mental noch spirituell ihrer wirklichen Hingabe innerhalb ihrer alltäglichen Anstrengungen Ausdruck zu verleihen. Wenn Eure Haltung jedoch wahrhaft auf das Ziel hin ausgerichtet ist, könnt Ihr Euch sicher sein, daß eine tragfähige Grundlage errichtet wird, die Euch zu einer Entfaltung segensreicher, innerer Erfahrungen führen wird.

Einige von Euch mögen Tage besonderer geistiger Wachheit kennen. Diese Tage gehen vorüber und führen zu einer Periode, die an das Durchqueren eines Tunnels erinnert. Du bist von Dunkelheit umgeben, und keine Deiner Bemühungen scheint Dich mit dem Licht in Berührung zu bringen. Dabei handelt es sich nur um Rückfälle aufgrund mangelnder Ausdauer in der Vergangenheit. Sie müssen ertragen werden. In solchen Momenten – des inneren Widerstandes, der Versuchung, der Irritierbarkeit oder mangelhafter Ausrichtung – hilft es, sich daran zu erinnern, daß trotz des schwierigen oder für Dich unliebsamen Umfeldes, verglichen mit Deinen Momenten voller Tiefe, auch diese Perioden nutzbar gemacht werden können. Die Prüfungen können um so schneller zum Verstummen gebracht werden, wenn Du Dich selbst erneut Deinem geistigen Ziel weihst, wenn Du ihnen ausgesetzt bist. Daher finden sich die schwierigsten Fälle unter solchen Temperamenten, die die Dinge zu leicht nehmen und sich nicht tief genug der Wichtigkeit solcher Gelegenheiten innerhalb der Geschichte ihrer eigenen Entwicklung bewußt werden.

Es besteht eine dringende Notwendigkeit bei den Kandidaten für die Jüngerschaft, *Rechtfertigungen* zu überwinden. Bemühe Dich, diese Eigenart in ihrer ganzen Tragweite zu verstehen. Zu häufig suchst Du, Dein Handeln zu entschuldigen. Statt dessen mußt Du der Realität ins Auge schauen und lernen, Fehler auch zuzugeben. Stehe zu dem, was aufgrund von Fehlentscheidungen, Vergeßlichkeit oder Nachlässigkeit falsch gelaufen ist. So wirst Du durch das Eingeständnis eines Fehlers in der Lage sein, über diesen hinauszuwachsen. Durch dieses demütige Eingeständnis werden sich Erkenntnisse über noch ungenutzte Möglichkeiten und Fähigkeiten eröffnen, welche weit jenseits dessen liegen, was zur Überwindung der jeweiligen Schwäche aufgebracht werden muß. Halte Dich an diese Verhaltensweise: Laß keine Rechtfertigung als Ausrede für Dein Handeln mehr zu. Stehe statt dessen klar für Deine Taten ein. Drücke Dein Bedauern aus, vergib Dir dann auch selbst, und manifestiere schließlich Deinen *Willen,* in der Zukunft anders zu handeln.
Sobald das Herz bereit dafür ist, wird das Licht einfließen. Oftmals wird die Entwicklung von Aspiranten für die Jüngerschaft

von älteren Brüdern und Schwestern der Hierarchie Christi voller Freude wahrgenommen. Einige Kandidaten, die mit größeren Schwierigkeiten zu kämpfen haben, scheinen langsamer voranzukommen. Andere, die weniger belastet sind, zeigen sich eher empfänglich. Bei all dem muß man jedoch immer mit einbeziehen, ob der Schüler eine kleine oder große Last zu meistern hat, und daß der Vorsatz und der Wille des Schülers den Ausschlag geben. All dies wird mit ungeteiltem Interesse beobachtet. Ein winziger Schritt nach vorne im Schneckentempo besitzt für denjenigen, der stark belastet ist, den gleichen Wert, wie ein wesentlich größerer Entwicklungssprung für einen flinkeren Kandidaten.

Wurde Dir bereits die Frage gestellt, die der Apostel Paulus an jeden richtete, den er traf: *"Hast Du den Heiligen Geist empfangen, seit Du zum Glauben gekommen bist?"* Alle Jünger gelangen irgendwann zu der Erkenntnis, entweder aufgrund ihrer Studien den Heiligen Geist empfangen zu haben, oder zu sehen, wie leer und weit entfernt von der Realität sie sind. Da Du eine bewußte Verbindung mit den Quellen der Wahrheit hergestellt hast, die klar und äußerst einflußreich sind, teilst Du (mit denen, die wie Du geistiges Wissen besitzen) das Bedürfnis, Dich in den spirituellen Künsten zu üben. Du solltest eine *natürliche* Liebe, Aufmerksamkeit, Geduld, Feinsinnigkeit und Selbstbeherrschung ausstrahlen. Deine Verbindung mit der Hierarchie muß sich in bewußter Hingabe äußern.
Keinesfalls sollte sich diese Einstellung in einer unechten Frömmigkeit zeigen, noch solltest Du danach streben, etwas darzustellen, was Dir nicht entspricht! Die Gedanken an die *Brüder- und Schwesternschaft Vollendeter Seelen* und die Erkenntnis des göttlichen Versprechens hinsichtlich Deiner eigenen Vollkommenheit sollte den Reifungsprozeß Deiner verborgenen Kräfte beschleunigen. Deine bewußte Hingabe an die Hierarchie be-

sitzt eine verfeinernde, verschönernde und läuternde Wirkung. Du kannst niemals plump, schroff oder gemein handeln, wenn Du an Christus und seine Heerscharen von Helfern denkst. Eine Besinnug auf ihre Wirklichkeit und lebendige Gegenwart schenkt eine sofortige Verbindung mit der Quelle des göttlichen Lebens. Wann immer Du ihrer gedenkst, wirst Du auch kurze Einblicke, mehr intuitiv als intellektuell, in Bewußtseinsbereiche und Kraftfelder jenseits der Sphäre der Meister erhaschen. Wir ermahnen Dich, jetzt und in Zukunft ein edlerer, selbstloserer und hilfsbereiterer Mensch zu werden. Laß den Adel geistiger Einsicht bis in den äußersten Ring Deines Lebens hineinwirken – in die Briefe, die Du schreibst, den Wagen, den Du fährst, Deine Haushaltsführung, Deine Essensvorbereitungen und Deine Einstellung anderen gegenüber. Indem Du zu einer Einheit mit dem Leben heranreifst, welches eben jetzt der Vollkommenheit näherkommt, mußt Du Deinen Glauben, Deine Hingabe, Deine tiefste Liebe und Deinen ganzen Mut unter Beweis stellen. In den kommenden Tagen wirst Du mit Bestimmtheit vor die Wahl zwischen dem Weg des Heiligen Geistes und dem auf Dich selbst ausgerichteten Weg gestellt werden. *Welchen Weg wählst Du jetzt?*

Gestatte es dem Herrscher über jene Kräfte, die die Große Bruderschaft und alle, die ihr angehören, umfangen, Dich in jeder Faser Deines Seins zu berühren. Wandele in einem tieferen Bewußtsein von der Ewigkeit, welche Deine Heimat darstellt. Empfange und strebe nach einem Hauch reiner Erfrischung – nach jenen Lüften des Geistes, die die Gedanken kräftigen, die Gefühle klären und den physischen Körper beleben, wann immer Du sie anrufst.
Die Bewegungen des Lebens vollziehen sich in zyklischer und abgewogener Weise. Wieviele Stufen hast Du schon überwunden, bewußt durchschritten? Siehe das Wunder, die Großartig-

keit und die Ekstase des Lebens, das uns umgibt! Die Stunden tragen ihr eigenes Muster, vergleichbar der Bewegung der Sonne, die immer neue Gebiete im Glanz des Lichtes erstrahlen läßt oder andere mit der Weichheit des Schattens umfängt. Lerne daher, Dich an dem intensiven Sonnenlicht zu erfreuen, wenn es über Dir erstrahlt. Das innere Licht der Sonnenstrahlen von den Ufern der Ewigkeit verstärkt die Zonen, in denen Du für das Licht bereit bist. Es gibt Tage, an denen Dein Verstand im Schatten steht. Er zeigt sich widerspenstig, unruhig und verwirrt. Aber auch zu solchen Gelegenheiten gibt es Bereiche in Dir, die das Sonnenlicht des Geistes empfangen. Dies mag sich in Form von körperlichem Wohlbehagen oder schöpferischer Hochstimmung äußern.
Ein anderes Mal mögen Deine Lebensumstände ein Bild der Seele in Deinem Verstand aufscheinen lassen. Lerne, Dich so zu sehen, wie Du bist – teils im Sonnenlicht spirituellen Widerhalls teils im Schatten stehend. Schäme Dich nicht des Schattens, während Du Dich darum bemühst, den Verstand oder einen anderen Bereich Deines Wesens so umzuwandeln, daß sie würdig werden, die Segnungen des geistigen Sonnenlichtes zu allen Gelegenheiten zu empfangen.

Glaube niemals, es gäbe etwas, das Du nicht meistern könntest. Richte Deine Aufmerksamkeit auf den Wechsel und die Anhebung Deiner Stimmungen, Deiner Gelüste und Deiner Gewohnheiten. Betrachte dies in aller Klarheit mit den offengelegten Schwächen. Wende darauf die läuternde Therapie resoluter Ausmerzung der Wurzeln an. Sobald Du Dich, im Angesicht des Heiligtums Deines eigenen Gottesfunkens, entscheidest, Dich Deiner auffälligsten Schwäche anzunehmen, wird es Dir möglich sein, Dich von Augenblick zu Augenblick stärker aus den Netzen instinktiver Zwänge zu befreien. Sage Dir selbst: *“Es gibt nichts, was ich nicht vermag, wenn es dem Geist in mir gestat-*

*tet ist, helfend einzugreifen. Ich vermag alles in dem eingestimmten, zentrierten und empfänglichen Bewußtsein des Höchsten Geistes, der durch mich lebt.“*

Strebe daher danach, gedankliches Umherschweifen, ungesunde Stimmungen und physische Zwänge auszurotten, indem Du bewußt die Tür zum Willen aus dem Geiste öffnest, um diese damit zu durchdringen und ihnen Vergebung entgegenzubringen.

Mögen die Morgenstunden, Nachmittage und Abende Deines Lebens sinnvoll verbracht werden. Denn dann wird Dein Bewußtsein erleuchtet und vom ewigen Tageslicht Deines Geistes erfüllt sein, unabhängig davon, ob äußerlich die Sonne scheint oder der Himmel von Wolken verhangen ist.

VII. Kapitel

# *Der Weg des Jüngers*

*Wenn der Mensch von dem wertvollsten Geschenk vernimmt, welches er in seinem Leben zu erringen vermag, sollte jedes andere Bemühen hinter dem Streben nach dieser außergewöhnlichen Gabe verblassen – der Erkenntnis der Göttlichkeit innerhalb und durch den einzelnen im Hier und Jetzt.*

Deine Schwierigkeiten, eine spirituelle Verbindung aufrechtzuerhalten, erwachsen aus Deiner unvollkommenen Verwirklichung der Jüngerschaft. Dieses Ziel muß immer im Vordergrund Deines Bewußtseins stehen. Dein Verstand, Deine Gewohnheiten und jede Deiner Anstrengungen sollten im Hinblick darauf reguliert, gesteuert und geläutert werden. Du erwartest, ganz natürlich, Flammen der Inspiration und neue Höhen durch unmittelbares Erkennen zu erlangen. Diese Ziele lassen sich nur dann erreichen, wenn Jüngerschaft zu einer praktizierten Wirklichkeit wird. Deine Konzentration muß sich eher auf Jüngerschaft als auf Aufwallungen spiritueller Erkenntnis richten.

Du mußt erkennen, daß Du mit der Jüngerschaft, während Du noch einen physischen Körper trägst, einen Standort in den höheren Bewußtseinssphären gewinnst. Jüngerschaft hat aufgrund ihres aktiven Bewußtseinszustandes wesentlich größere Konsequenzen als die vergänglichen, tröstlichen Freuden eines selbstgenügsamen Lebens. Widme Dich daher unermüdlich der Disziplin der Jüngerschaft.

Ein Anhänger oder künftiger Schüler entwickelt sich über einige Inkarnationen hinweg in einem Zustand, der *Probezeit* genannt wird. Auf dieser Stufe sollte die Verehrung Gottes voller Beharrlichkeit gepflegt werden, insbesondere im Ausdruck tiefsten Sehnens nach der göttlichen Wirklichkeit. Die Anwendung spiritueller Prinzipien auf die Schulung des Charakters erfordert ein umsichtiges Bemühen von denen, die diese Entwicklungsstufe erreichen wollen. Wird die Sehnsucht nach Gott von einer Bereitschaft zum Wandel und zu spirituellem Wachstum begleitet, kann das Individuum allmählich und aufmerksam beobachtet in den Zustand der Jüngerschaft übernommen werden.

Die Jüngerschaft bringt eine freiwillige Hingabe des ganzen Selbst an die Arbeit oder den Dienst mit sich. Von diesem Zeitpunkt an spiegelt das Verhalten des Jüngers diesen umfassenden Dienst wider, dieses lebenslange Gelöbnis überall und bei allem, was er im Äußeren verrichtet.

Zweitens widmet sich ein Jünger, der sein ständiges Sehnen nach vertiefter Erkenntnis Gottes bewußt wahrnimmt und danach lebt, natürlich und voller Vertrauen konsequentem täglichem Wachstum. Sein Weg heißt Selbstbeherrschung. Seine Werkzeuge sind die Stunden mit den Prüfungen, in denen er sich um das Erreichen seines Zieles bemüht – die Meisterschaft. Jüngerschaft bedeutet Geduld, Klarheit im Handeln und Flexibilität des Bewußtseins, welches Gott gegenübersteht.

Drittens ist der *Göttliche Plan* – soweit er die Erde betrifft – noch unvollendet. Jeder vollkommene Sohn und jede vollkommene Tochter wird zu einem Handwerker, dem das verantwortungsvolle Wissen um den großen Plan zu eigen ist. Jeder Jünger weiht sich, voller Liebe für Gott, selbst der Vollendung dieses Planes. Von seinem Verstand her und innerhalb seines Lebensfeldes unterliegen die Menschen um ihn herum und das ganze Gefüge seiner Außenwelt seiner Verantwortung. Aus diesem Grund gehören die Bemühungen des Jüngers um die Entwicklung von Personen, Werken und des Lebens jüngerer Geschöpfe zu seinen Pflichten. Der Jünger reift durch seine umfassende und vertiefte Hingabe an das Göttliche, durch das Befreien anderer Menschen, so wie er selbst auch befreit wurde, durch seine

Führung jungen Lebens, wie jenes von Tieren, und durch seine Unterstützung unvollendeter Werke. Die tiefsten Prüfungen eines Jüngers entspringen seinem freien Willen. Ein Jünger könnte ohne lange Verzögerungen zur Vollkommenheit heranreifen, wenn er lediglich für eine Vertiefung seiner Gottesliebe und wahre Hilfestellung für andere verantwortlich wäre. In Wirklichkeit bestimmt jedoch zusätzlich zu diesen beiden hohen Anforderungen sein freier Wille das Tempo seines Fortschrittes und das Maß seiner Erfüllung. Der freie Wille eines Jüngers kann dem *Ewigen Plan* schöpferisch und uneingeschränkt dienen. Je stärker und feiner das Bewußtsein für die Jüngerschaft ausfällt, um so geistreicher wird die Entfaltung der Imagination, umsichtiger Planung und beständig erneuerter Hingabe sein. Gerade innerhalb dieses Bereiches wird sich die wahre innere Entwicklungsstufe des Jüngers am lebendigsten zeigen. Unterliegt der Jünger keinerlei Zwang, Überredung oder Anforderung, Gutes zu tun oder neue spirituelle Verhaltensweisen anzunehmen, mag er sich in solchen Stunden oder längeren Zeitspannen leicht in Ich-Bezogenheit oder Untätigkeit verlieren. Indem er aber seine beiden höchsten Ziele vor Augen hat, und ihm ein Charakter zu eigen ist, wie er für das Erreichen der Meisterschaft von Nöten ist, wird ein würdiger Jünger in diesen Stunden, die von Routine oder eingefahrenen Tätigkeiten frei sind, so schöpferisch, so eingestimmt und im Einklang mit dem alles einschließenden göttlichen Plan leben, daß es für ihn keine abgewandten Augenblicke, Perioden der Niedergeschlagenheit oder Zeiten voller Verwirrung gibt. Für ihn gibt es selbstbestimmte Aktivität der Art, die zu Frieden und Erfüllung führt, unabhängig von den Bereichen, in denen sich der Jünger betätigen muß – finanziell, materiell, sozial, pädagogisch oder kulturell.

Verrichte Deine täglichen Pflichten, indem Du Willen und Herz auf Gott ausrichtest. Erkenne in der Essensvorbereitung oder

der Anleitung eines jungen Verstandes eine kreative Gelegenheit, Deinen Geist als Jünger zu verbessern und auszuweiten, sowie die damit verbundenen Qualitäten selbstlos-bewußt als belebende Energien auf jene Wesen ausstrahlen zu lassen, die Du segnen möchtest. Betrachte Deine Pflichten als Schuldigkeiten dem Göttlichen gegenüber. Lege in Deine Bemühungen, über den Bewußtseinszustand, jene Integrität und jene andachtsvolle Liebe, welche Dich allzeit für die *Göttliche Gegenwart* offenhalten wird.
Laß jeden Morgen Deines Lebens zu einer neuen Offenbarung Gottes werden!

Die große, brennende Notwendigkeit liegt darin, lieben und verehren zu lernen, sowie sich selbst Gott vor allem anderen zu schenken – selbst die Freude aus den eigenen Verpflichtungen zurückstellend. Aus diesem Grunde stehen gewöhnlich unbewußt jene Aspekte einer wahrhaften und umfassenden Demut in allen Bereichen im Wege, die den Brennpunkt des Interesses an der eigenen Person, dem eigenen Leben und den eigenen Einstellungen bilden. Diese Hindernisse müssen beseitigt werden. Wahre Jüngerschaft kann sich wesentlich schneller entfalten, wenn der einzelne nur diese Kleinigkeit lernt – Gott stärker zu lieben, als im eigenen Inneren zentriert oder äußerlich in Aktivitäten oder der Liebe zu anderen verstrickt zu sein.
Entdecke neue Ansätze, in jedem Augenblick diese Hingabe und Überantwortung des Selbst für die Verehrung der Ganzheit zu erreichen. Gott ist hier. Auf diese Gegenwart eingestimmt, entspannt sich die konkrete Persönlichkeit, wird der Verstand aufgerichtet, vermag der Charakter zu direkter Einstimmung zu gelangen, entwickelt sich eine neue Kraft und die Autorität des Geistes wird durch den sprechen, der in ewiger Liebe mit Gott erstrahlt.
Oftmals, da Du ein Mensch bist, meinst Du, Du müßtest das,

was wichtig ist und dem gegenüber Du gehorsam sein mußt, auch tatsächlich vor Dir sehen. Dabei ist es wesentlicher zu erkennen, daß die größte Wahrheit, die mächtigsten Kräfte und die Unendlichkeit unsichtbar sind; und gerade ihre Unsichtbarkeit bildet die Grundlage, auf der neue Bewußtseinsstufen errungen werden können. Erkenntnis stellt bloßes Sehen in den Schatten. Daher muß immer das, was für Dich unsichtbar ist, durch Dein bewußtes Bemühen um Erinnerung erkannt werden. Diese "Erinnerungsübung" sollte nicht nur den *Unendlichen Gott* sondern auch den *Individualisierten Gott* in den vollendeten Seelen umfassen. Der Eifer Deiner Demut entfaltet sich dann in jedem Augenblick über die Erinnerung an diese heilige Quelle und durch eine Lebensführung, die ihnen Ehre, Segnungen und Dienstbarkeit zukommen läßt.
Genauso wie das physische Licht in Deiner Welt scheint, berühren und läutern Dich nun das Licht der spirituellen Sonne und ihre feineren Strahlungen bis auf die Atome im Wesenskern Deiner eigenen geistigen Körper.
Gestatte es keinem Hindernis, Dein Bewußtsein zu blockieren. Verscheuche die Schatten und sei durch Deinen Zugang zum Gotteslicht unangreifbar für diese Kräfte.

Wisse, daß Deine Tage überreich erfüllt sind, sowohl mit Pflichten als auch mit Freuden, da Du Dich auf eine Bewußtseinsstufe hinaufgeschwungen hast, auf der Du als Vorposten der Hierarchie Christi wirken mußt. Weder scheue noch fürchte das Übermaß an Verantwortung, sondern beschleunige Deine Wachs tumsschritte und verstärke Deine Gebete um Weisheit für die rechte Ausführung dieser Pflichten.
Sei stets dessen eingedenk, daß Gott Dein Wohltäter ist und Sein Einfluß Dein ganzes Leben durchzieht. Keiner anderen Person, keiner Kraft und keinem Ereignis darf es gestattet sein, Deine Anerkennung für diesen alles umfassenden Geist des Gu-

ten – oder Gott – zu übertreffen. Deine persönliche Aufgabe besteht darin, überhaupt die Bekanntschaft mit diesem spirituellen Wohltäter zuzulassen und Dich in das Abenteuer des Kontaktes und der Gemeinschaft mit ihm zu stürzen, um ihm so zu ermöglichen, Dein tägliches Leben, Deine Gedanken und Deine wesentlichen Bestrebungen zu erfüllen. Lerne zudem, von persönlichen Erwägungen frei zu sein und alle Angelegenheiten mit universellem und unpersönlichem Interesse sowie Hilfsbereitschaft anzugehen.

Es ist wichtig für Dich, die Bedeutung einer Vorbereitung zu erkennen. Wenn Dich das Leben überrascht, Dich mit unerwarteten Ereignissen großer spiritueller Bedeutung überfällt, wer würde dann nicht zehn oder zwanzig Jahre zurückblicken und erneut die erstaunliche Unberechenbarkeit der ständig vorwärtsdrängenden Veränderungen des Lebens vor Augen haben? Erwarte daher das Ungewöhnliche, das ewig Freudige, und sei nachgiebig, eifrig bemüht und dankbar, einen physischen Körper auf dieser Erde zu besitzen, in welchem Du die Gelegenheit hast, Deine Hingabe und Deine Geistesgaben zu beweisen.

Halte als Jünger Dein Bewußtsein auf das Licht ausgerichtet und Du wirst darum wissen, daß Deine Zukunft *mit Bestimmtheit* von Frieden und Fortschritt durchdrungen ist. Eins mit dem Licht entspringt Deine Freude, Inspiration und Bildung Deinen Erlebnissen auf der inneren Seite des Geistes und der Seele.
Wären sich die Menschen der Realität der inneren Sphären, die sie mit ihren Gedanken berühren, tiefer bewußt, sie würden ständig angeregt, unterwiesen und belehrt werden. Wahre Verbindung mit dem Göttlichen gleicht die äußeren Enttäuschungen und die gestörte Ausgewogenheit im Übermaß aus. Komme dem Licht so nahe, daß das Verhalten Deines Kindes, die Worte Deines Nachbarn und Deiner Eltern keine persönlichen Konse-

quenzen für Dich, der Du Dich vom Verständnis und Wohlwollen her im Gleichgewicht befindest, beinhalten. Deine richtige Einstellung wird die disharmonischen Verhaltensweisen, die Dir als Prüfung entgegentreten mögen, läutern und korrigieren.

Jeder auf der physischen Ebene wird bis zum Erreichen der Meisterschaft irgendeiner Angewohnheit frönen, welche sich nachteilig auf sein physisches Wohlergehen auswirkt. Vielleicht mußt Du bei Deiner Ernährung umlernen, Dir Einfachheit und Einschränkung auferlegen. Oder es mag sein, daß Du nicht genügend Sport treibst, und daher Dein Stoffwechsel nicht ausreichend angeregt wird. Oder Du magst nach Neuem hungern, nach mehr Erholung und der Erforschung neuer physischer Interessen. Suche daher nach der physischen Angewohnheit, die Dich hauptsächlich schwächt, an unvollkommene Verhaltensweisen bindet, und Dich daher daran hindert, ein hohes Alter zu erreichen.
Mache Dir für den Rest Deines Lebens klar, nie wieder die Freiheit zu besitzen, diesem Laster zu erliegen. Eine Schwäche zu befriedigen heißt, bewußt ein Laster zu unterstützen. Die Gründe für die Aufforderung, jene Schwächen aufzugeben, sind dabei keinesfalls als oberflächlich zu bezeichnen. Vielmehr ist ihre Überwindung auf dieser Entwicklungsstufe bereits überfällig. Kultiviere einen dieser Schwäche entgegenstehenden und konstruktiven Wert auf der physischen Ebene, den Du seit langem vernachlässigst oder nie entwickelt hast. Widme Dich, wenn Du beispielsweise nicht genügend Sport betreibst, verstärkt Wanderungen und Aktivitäten, die Deinem Körper täglich etwas mehr Übung bieten. Jene, die die Entwicklung brachliegender Talente vernachlässigt haben, seien diese sozial oder künstlerisch, müssen diese verborgenen Fähigkeiten aktiv in ihre Welt einbringen. Deine stimulierenden und innovativen Verbesserungen werden auch andere energetisieren und anregen.

Verfolge diesen Plan in ähnlicher Weise für Deinen Emotionalbereich, was die Aufgabe der destruktiven Angewohnheiten sowie den Erwerb ihrer positiven Gegenstücke beinhaltet. Im Astralkörper jedes Menschen unterhalb der Meisterstufe bedarf noch vieles der Heilung, Läuterung, Harmonisierung und Verfeinerung – all jenes, was Dich ängstlich macht, in Dir Furcht verursacht, Dich mit Ungeduld erfüllt, oder in Dir Reizbarkeit aufkommen läßt. Die negativen Strömungen, die in solchen Episoden auftreten, wenn Du Deinen Schwächen auf der emotionalen Ebene nachgibst, werden durch zwanghafte Kräfte an Dich und den ganzen Planeten herangetragen. Du weißt bereits, daß sie zerstörerisch wirken.
Achte darauf, Deine drei unteren Zentren, die ersten drei Chakras, während unruhiger oder tumultartiger Zeiten in der Welt ruhig und unter Kontrolle zu halten. Wenn Deine besondere Schwäche Dich zu einer Dramatisierung Deiner Ängste, zu Selbstmitleid, zu starker Verhaftung oder einer anderen Schwäche im Emotionalbereich führt, setze alle diese Dinge täglich dem Licht Deiner prüfenden Betrachtung aus und bemühe Dich unablässig, Dich von ihr zu befreien. Das nervöse Temperament bedarf insbesondere der gegenläufigen konstruktiven Werte des Gleichgewichtes, der Selbstkontrolle, des Loslassens und inneren Friedens. Menschen mit phlegmatischem Wesen müssen sich vor allen Dingen betätigen, aktiv wahrnehmen, fühlen, lieben, sich ausdrücken, handeln und anderen etwas geben.
Auf der Mentalebene liegt Deine größte Gefahr darin, in Wolken mentaler Verhaftung, voller Abneigungen und all den ungesunden Elementen eines krankhaften Bewußtseins zu leben. Deinem Seelenkörper am nächsten besitzt Dein Verstand die besten Voraussetzungen, dazu beizutragen, daß Dein Wesen in den Krisenjahren durch Deine eigenen spirituellen Schutzquellen gelenkt wird. Dies drückt auch das Sprichwort aus: "In einem gesunden Körper wohnt auch ein gesunder Geist." Oftmals füh-

len sich Menschen fälschlicherweise in den Schatten brütender Gedanken, der Freudlosigkeit, weltweiter Angst oder Furcht vor der Zukunft sicher. Solche Gedankengänge sind in sich falsch. Du mußt auf dem Weg voranschreiten, der zum Licht führt, sowie Dir eine Kanalisierung dieses Lichtes und ein Austrocknen des Morastes zerstörerischer mentaler Elemente ermöglicht. Finde Deine spezielle negative mentale Gewohnheit heraus; eventuell die Furcht vor Unbekanntem, Zweifel, oder vielleicht mangelnde Sorgfalt bei der Gedankenführung. Reiße diese Belastungen aus dem Reich Deines Selbst aus – nur Du besitzt die Macht, sie zu enthronen. Wie unzuverlässig Dein Verstand auch sein mag, wie schlecht Du Dich auch immer in der Vergangenheit auf ihn verlassen konntest, laß ihn nun im Licht Deiner spirituellen Unterstützung Sicherheit finden, um wertvolle Gedanken des Friedens, des Glückes und des Wohlwollens zu fassen.

Wenn Du Deinem Verstand erlaubst, einen Dschungel wachsen zu lassen, in dem all die Instinkte wohnen, kannst Du Dir vorstellen, wie schrecklich sich Dein Bewußtsein in diesem verschlungenen Gewirr voller Eindrücke verstrickte, wenn seine instinktive Natur freigesetzt würde. Doch Dein Verstand kann auch zu einem Garten heranwachsen, er kann die Stärke und Höhe eines hohen Berggipfels erreichen oder die Erhabenheit, die der Himmel bei Sonnenuntergang nach einem klaren Tag ausstrahlt. Entschließe Dich gedanklich, auf den Gipfeln und zwischen den Vögeln und den geflügelten Boten des Himmels zu leben, und nicht mit dem Gewürm, das der untermenschlichen Ebene angehört. Betrachte dies nicht als eine Übung sondern als ein Programm, welches Dich auf die höchste und feinste Ebene der Empfänglichkeit heben soll.

Sei aufgefordert, in Dir selbst die höchste Ordnung wirken zu lassen, die Du zu erreichen vermagt. Kommuniziere mit Deinem Seelenselbst und entwickele von dieser Ebene her eine kreative Haltung. Wähle aus der Vielzahl der unterschiedlichen Gaben eine, um welche Du Dich besonders bemühen möchtest, mag es sich um Intuition oder den Fluß inspirierender Kräfte handeln, denen Du beim Malen, Singen oder Schreiben Ausdruck verleihst. Oder kultiviere täglich die Fähigkeit, als Kanal für den Heilungsstrom zu dienen, oder auch das Bewußtsein aktiver Empfänglichkeit für göttliche Anweisungen. Was auch immer Du wählst, übe Dich in den folgenden Tagen aufrichtig und zu jeder Gelegenheit in der von Dir gewählten kreativen Tätigkeit. Es ist ratsam, Dein Möglichstes zu tun, um Dich selbst ins Gleichgewicht zu bringen und das Fundament Deiner drei unteren Zentren stark genug zu gestalten, um das herrliche Gefüge spirituellen Dienstes zu unterstützen, welches sich Dir bei vollendeter Vorbereitung erschließen wird.

Stolz ist das Resultat einer Zentrierung des Selbst auf einen gottfernen Bereich. Um den Stolz zu überwinden, muß göttlicher Gegenwart Ausdruck verliehen, muß sie willkommen geheißen, voller Freude erlebt und mit jeder Pore und jedem sehnenden Atemzug aufgenommen werden, bis der Mensch an den Ort gelangt, an dem er darum weiß, daß das, was er im Ursprung war, von Gott, dem Schöpfer, geschaffen wurde. Das, zu dem er wird, ist ebenfalls ein Werk des Schöpfers, denn wie könnte der Mensch ohne die Kraft Gottes, die auf ihn einwirkt, darum wissen, wie er zu wachsen vermag? Für den Stolz bleibt kein Raum, denn alles, was der Mensch ist, wurde er durch Gott. Selbstachtung dagegen ist angebracht, da sie ein angemessenes Verhalten begünstigt, so daß der einzelne nicht absteigt, sondern auf der Ebene weiterschreitet, auf welcher er beschlossen hat zu wirken. In jeder anderen Hinsicht muß das Selbst angewiesen werden, zur Seite zu treten, um von göttlicher Kraft erfüllt zu werden, damit Gott die verborgene Individualität in jedem einzelnen hervorzubringen vermag.

Beobachte, um Starrheit zu erkennen, was Dir nicht gefällt, denn die Art und Weise, auf welche Du Deine Abneigungen, Deine Mißbilligungen oder Deine Kritik ausdrückst, offenbart entweder Starrheit oder anpassungsfähige und kreative Weisheit. Laß von Deinen Vorurteilen ab. Sieh in allem das Gute, selbst in den Mücken und Giftschlangen, deren Existenz den Menschen veranlaßt, jenes Bewußtsein zu entwickeln, das unempfindlich gegenüber Störungen und frei von Gleichgültigkeit ist.

Richte Dich stets auf das unendliche Licht aus, denn nur dadurch, daß das Licht der Individualität in Dir aufscheint, vermagst Du Deinen Weg fortzusetzen, um der Fülle des göttlichen Lebens und Lichtes zu begegnen.

Kindlichkeit ist der Schlüssel für die Überwindung des Stolzes. All jene, die stolz waren, wird Kindlichkeit zarter, entspannter und reiner werden lassen, sowie den Stolz auflösen, an dem sie gelitten haben und der um sie herum harte Krusten oder Schalen hat entstehen lassen. Die Verkrustungen haben das Licht zurückgehalten; und ihr Wesen hungert nach dem, was ihnen durch ein wahres und tiefes Einatmen all der göttlichen Gaben geschenkt werden würde.

Erwirb Dir daher ein kindliches Herz mit seiner ganzen Leichtigkeit, seinem Vertrauen und seiner unbedingten Liebe. Erreicht man dies als permanenten Zustand, werden Gesundheit und das ganze Wesen davon profitieren. Von einem Kind erwartet man kein Urteil oder das Aufstellen von Regeln. Das Kind akzeptiert die Regeln und Gesetze des Geistes von denen, die geistig älter und weiser sind. Daher ist es für eine stolze Seele schwierig, sich vollständig den Anweisungen eines anderen zu unterwerfen.

Lerne, zuerst an die anderen und dann erst an Dich selbst zu denken. Die meisten Menschen, die alleine leben, neigen zu einem extremen Eigennutz, welcher die Interessen, Bedürfnisse und Wünsche anderer Menschen ausschließt. Bemühe Dich, mit einfachen Worten gesagt, uneigennützig, stark auf Gott ausgerichtet und zu jeder Zeit und an jedem Ort verläßlich zu sein. Der Wandel von Hartnäckigkeit zu einer selbstlosen, demütigen Persönlichkeit ist so bedeutsam, daß es nur wenige gibt, die diesen Schritt in einer Inkarnation vollziehen. Zur Überwindung von Egozentrik ist es für Dich notwendig, das Erreichen einer vollkommen selbstlosen Individualität als das höchste Ziel Deines Lebens anzusehen; es ist für Dich nicht halb so wesentlich, spirituelle Erleuchtung zu erfahren, als den Wechsel Deiner Persönlichkeit von einer niedrigeren auf eine höhere Stufe zu vollbringen. Hast Du dies erreicht oder zumindest angestrebt, werden sich Anzeichen der Klarheit oder des Eins-Seins mit dem Ewigen andeuten, die Dir anhaltende Erleuchtung versprechen. Du, der Du der Erleuchtung bedarfst, denke weniger über Dich selbst nach, jedoch stärker darüber, wie Du sie zu erringen vermagst, und wie Du Deine Konzentration von Dir selbst auf einen Bereich richten kannst, welcher diese Betonung auch verdient – nämlich das reine, vollkommen und unumstößlich demütige, spirituelle Selbst.

Rufe Dir oftmals am Tag ins Gedächtnis, daß hinter dem Schleier der Unsichtbarkeit jene stehen, die Dich lieben und Deine Freunde sind, jenseits aller Freundschaft, wie man sie auf Erden kennt. Deine Kraft, Deine Freude und Dein Wachstum vermögen durch den Gedanken an diese Wirklichkeit vermehrt zu werden.

Jedes Leben kann erfrischend und spannend sein. Der Mensch selbst läßt seine eigenen Angelegenheiten außergewöhnlich oder aber ganz gewöhnlich erscheinen. Gehe die verschiedenen

Übungen, die wir mit Dir teilen, mit neuem Ansporn und dem Gefühl eines Bedürfnisses an. Sollten sie schal und abgestanden werden, deutet dies auf eine Schalheit des Individuums selbst hin, nicht auf ein Abgegriffensein des Prozesses, der Realitäten oder der belebenden Kräfte. Daher muß der Jünger seine eigene Aura, seine eigenen Gedanken, seine eigenen Motivationen und seine eigenen Bedürfnisse solange durchlüften, bis es in dieser klareren Luft keine Schalheit mehr gibt – sondern nur noch göttliche Schönheit. Beginne dann erneut mit den Übungen, und jede wird Dir wie ein glühendes Juwel von unbezahlbarem, unendlichen Wert erscheinen.

Im Verlaufe eines Lebens kommt es nicht selten vor, daß man mit Routinearbeiten konfrontiert wird, die für die Entwicklung des inneren Selbst des Jüngers unwichtig sind. Ist dies der Fall, erinnere Dich an Deine Pflicht, Dich um Disziplin und die Entfaltung eines bereitwilligeren Dienstes zu bemühen. Mit anderen Worten verhielten sich jene, denen nun eine solche Pflicht auferlegt wird, in früheren Leben rebellisch gegenüber routinemäßigen Arbeiten. Nun müssen sie, bevor sie einen Schritt weitergehen können, eine Routinearbeit zur vollsten Zufriedenheit, ohne zu klagen und ohne Kompromisse, sondern voll aufrichtigen, spirituellen und freudigen Bemühens ausführen. Statt über Müdigkeit, die Schwierigkeiten in der Zusammenarbeit mit materiell ausgerichteten Geistern und den Druck eines kommerziellen Dienstes nachzudenken, *meditiere über Deine Funktion als ein Sprecher des Ewigen, an eben der Stelle, an der Du wirkst.* Konzentrierst Du Dich auf diese Weise und erfüllst Deinen Dienst, wird Dich das Ewige mit seinen Energien stärken und Dir seine Ideale schenken. So wirst Du ausgeruht in Dein Heim zurückkehren, und des Nachts wirst Du mehr als genug über die guten Dinge nachdenken können, die dadurch möglich wurden, daß Du an eben diesem Ort als Diener zwischen der

Ewigkeit und dem dreidimensionalen Gefängnis des physischen Lebens stehst.

Deine Seele muß in der Flamme heiligen Verlangens gebadet werden. Sie muß darum wissen, daß diese Wunder der Gemeinschaft mit den göttlichen Frequenzen an jedem Ort zugänglich sind, und der einzelne einen solchen Lebensstrom dann zu berühren vermag, wenn er nur in sich selbst die unbedingte Hingabe seines gesamten Wesens an ein solches Licht vollzieht. Im allgemeinen ist ein solches Problem für alle jene typisch, die die Geschenke Gottes als selbstverständlich ansehen und zu sehr in dem Versuch leben, dies bloß anzunehmen, statt voll eifrigen Verlangens nach dem zu suchen, was jenseits des Horizontes liegt.

Ein anderer Punkt: Verstärke Deine Verehrung des Unbekannten, der geheimnisvoll ewig-gegenwärtigen Realität des Wunders, welches Dich umgibt. Halte Dir, immer wenn Du Deine Augen zum Gebet schließt, alle von Dir geschätzten Erinnerungen an herausragende Lehren vor Augen, welche Dich dieser transzendenten Möglichkeit von Angesicht zu Angesicht gegenüberstellen, und laß diesen Gedanken zum Zündfunken der Neubelebung Deiner Intention werden, mehr von Gott zu entdecken.

Die Frage nach der Entwicklung eines tieferen Vertrauens stellt eine der größten dar, denn das Vertrauen ist mit allem verknüpft, was der Mensch benötigt und ersehnt, sowie mit all dem, was er leben muß, um zur Erleuchtung zu kommen. Es ist zugleich sehr einfach und doch schwierig zu erlangen. Die Einfachheit, auf die wir uns hier beziehen, kann bei einem Menschen beobachtet werden, der Gott ganz hingegeben ist. Sein ganzes Herz steht für das göttliche Sonnenlicht offen, und er ist sich dieses Lichtes bewußt. Doch wenn er sich in sich selbst vertieft, in die Gänge seiner eigenen weltlichen Interessen, steht er nicht länger in diesem kostbaren Licht. Die Wärme, die Wohltat, die Freude desselben erquicken ihn nicht länger von innen heraus. Dir sei daher ans Herz gelegt, Dich weiterhin im Licht aufzuhalten. Du mußt dabei einzig an Gott denken und daran, daß Du Gott mehr als die Luft zum Atmen benötigst; Du mußt Gott mehr lieben als Dich selbst, irgendeinen anderen Menschen oder irgendein Vergnügen. Wäre es Dir möglich, diesen Zustand ununterbrochen auch nur für einen einzigen Tag aufrechtzuerhalten, könntest Du jeden Augenblick Erleuchtung erfahren. Das Problem ist nur, daß der Mensch gewöhnlich zu wankelmütig und selbstbezogen ist. Lehren dieser Art werden Dir gegeben, um Dir dabei zu helfen, Deine Erdgebundenheit zu lokkern. Denke daran, die Ufer der Unendlichkeit berühren Dich bereits. Laß Deiner Empfänglichkeit aus ihren Wogen jene Gaben und Stärkungen zufließen, die einem vertieften Vertrauen entspringen.

Vertrauen steht für eine seelische Energie, die sämtliche Komponenten der Überwindung in sich zusammenfaßt und alle Fähigkeiten idealisiert, die man sich aneigenen muß, sowie auch die Lebensbereiche, die dieser Energie ermangeln, derselben aussetzen, sie damit durchdringen und beseelen. Es gibt verschiedene Ebenen des Vertrauens, von denen jede die Hoffnung kennt; aber auf den höchsten Ebenen dieser kausalen Kraft wirst Du einer unumstößlichen Führung begegnen. Du wirst auf ein intuitives Sich-Schenken der kausalen Kraft treffen, welches dem Unvollkommenen das Muster der Vollkommenheit aufprägt.

Deine Probleme erwachsen oftmals aus Perioden voller Eigensinn – als wärest Du in diesen Zeiten völlig außer Tritt geraten. Vermeide es, dieses Über-die-Ufer-treten, welches Du dann er-

lebst, zu stark zu personalisieren. Laß daraus keine persönlichen Übertreibungen entstehen. Mit größerer Ehrfurcht und der Erkenntnis, daß Deine Kindlich-, Männlich- oder Weiblichkeit, die in Dir zur Blüte kommt, in der Lage ist, diese Unreife zu transzendieren, wirst Du jene Geduld erringen, die Gott Dir gegenüber empfindet, und damit vermagst Du auch Dir selbst gegenüber geduldiger zu werden. Vor allen Dingen aber sei Dir in der Erkenntnis sicher, daß Dein wahrer Reichtum weder in dieser Welt, der Liebe, der Heimat, dem Erfolg, noch in Deinem eigenen Wachstum liegt. *Deine Schätze findest Du in Deinem eigenen Selbst-losen und Gott-erfüllten Sein;* und in dieser göttlichen Fülle findest Du auch den Reichtum der Erkenntnis, was das Leben in seiner anmutigen Schönheit erschafft und erhält.
Es eröffnet sich Dir ein Tag der Freiheit und der Emanzipation von Deinen bisherigen Vorstellungen von Dir selbst – ein Tag, erfüllt von einer neuen Anschauung vom Leben, wie es sein kann und auch sein sollte.

Wenn der Mensch zuerst die Verbindung mit höheren Dimensionen erlebt, ist seine Reaktion positiv. Verblaßt jedoch sein anfänglicher Eifer, muß er lernen, die unfruchtbaren Wüstengegenden zwischen den Oasen innerer Empfänglichkeit zu erkennen. Gerade seine Bewußtseinshaltung während dieser »Trokkenperioden« bestimmt die Häufigkeit seiner zukünftigen Kontakte mit dem Unendlichen.

Dein Weg durch die Wüste lädt Verbesserungen geradezu ein. Hier sollten verstärkt Idealisierungen, bildhafte Vorstellungen und wahre, stetige Anwendung der Übungen, die sich Dir als wertvoll erwiesen haben, einfließen – speziell solche, die Deinem eigenen Temperament zuträglich sind. Halte Dein charakterliches Wachstum im Einklang mit den Sehnsüchten Deines

Herzens, sowie mit dem Ausmaß Deiner physischen Tätigkeit. Bringe die Ekstase des Wissens um den Christus, sowie sein Erspüren und den Glauben an ihn bis in Dein objektives Bewußtsein herab.
Du kannst nicht Christus begegnen und offen sein für die Räume endlosen Lebens, die ihren Repräsentanten in ihm finden, und Dich gleichzeitig noch in Traurigkeit und Verwirrung ergehen. Betrachte es als Deine Pflicht, das Licht weder zu verstecken noch zu beschränken. Doch für alle Dinge, selbst für die spirituellen Wirklichkeiten, besteht die Notwendigkeit zur Manifestation und für Arbeiten, die mit der inneren Wahrnehmung Schritt hält. Je mehr Aufgaben Du eingestimmt auf das Geistige zu verrichten vermagst, um so stärker wird sich Deine Beherrschung entwickeln. Die bloße Gemeinschaft mit Gott ohne konkrete Umsetzung in eine Handlung macht Dich zum Mieter eines Hauses, der nur auf dem Dach lebt, ohne auch die anderen Etagen seines Hauses zu bewohnen. Trage daher auch einen Teil der Schönheit, die Du während Deiner Phasen höherer Einstimmung auf dem Dach flüchtig erblickt hast, bis in das Erdgeschoß hinein.

Bevor Deine inneren Bemühungen wirklich fruchtbar sein können, mußt Du lernen, in drei Bewußtseinszuständen effektiv zu arbeiten. Der erste wird *verbindender* oder koordinierender Bewußtseinszustand genannt, der zweite der *reflektive Zustand* und der dritte der *Zustand der Einheit.*
Der Begriff des *Verbindungsbewußtseins* beinhaltet alle Arten von Gedankengängen, die auf Analyse, richtigem Urteilen, der Anwendung edler Gedanken, ihrer Ableitung und Beurteilung beruhen. Dieser Zustand deckt jenen Bereich ab, der zwischen Deiner gegenständlichen Welt und der Welt Deiner höchsten praktisch ausgerichteten Gedanken liegt. Selbst die Gottheit wird zu etwas »Praktischem«, wenn Du sie analytisch betrach-

test, sie zuerst zu charakterisieren und später ihre Eigenschaften zu nutzen suchst. Deine bisherigen Erkenntnisse sollen Dir als Saatgedanken aus den höchsten Oktaven geistigen Wachstums dienen. Diese Saatformen bewegen sich aus dem Raum der Einheit in Dir nach und nach in den verbindenden oder praktischen Bereich des Verstandes. So wird es sich immer wieder entwickeln.

Von nun an wirst Du in Deinen Gedankengängen und Handlungen, die auf die objektive Welt ausgerichtet sind, mit jener spirituellen Form zu tun haben, die auf diese Weise Deine konkreteste Ebene erreicht hat. Diese Formen, die zur Zeit einen Bestandteil Deines Einheitszustandes bilden, mögen sich in einer Woche, in einem oder in zehn Jahren in einer praktischen Nutzung manifestieren. Es ist notwendig für Dich, mehr über diese Zustände zu wissen, denn mit der Zeit mußt Du bewußt von allen drei Stufen durchdrungen sein. Verbindende Meditation, als ein Teil Deiner Andachtsübungen, wird daher das Zusammenfassen, was Du über Meisterschaft gelernt hast, etwa in den Worten:

*„Meisterschaft ist ein Zustand, der mit stetiger Entfaltung beginnt. Ich strebe nach Meisterschaft. Dies hat Rückwirkungen auf diesen Tag, auf meine Ausführung der Andachtsübungen, meine Anwendung der Energien und Ideen, die mich in spiritueller und praktischer Hinsicht zugleich beruhigen und anregen. In Hinblick auf das, dessen ich zur Selbstüberwindung bedarf, befinden sich die Kräfte dieser Elemente lautlos in meiner Nähe. Sie bilden eine Art Hintergrund und bewegen sich auf meine bewußte Einladung hin auf mich zu und in mich hinein. Äußerlich aktiv tätig will ich mich vorbereiten, mein Ideal der Meisterschaft aufgreifen und den ganzen Tag seiner Verwirklichung widmen. Die zerstörerischen Kräfte in meinem Inneren, welcher ich in mir bewußt geworden bin, will ich anhaltend aus meinem bewußten Wesen vertreiben. Mit jedem Atemzug und aus dem stärksten Be-*

*dürfnis meines Lebens heraus rufe ich jene Kräfte an, die mich im Einklang mit dem Einströmen der Energien zur Verwirklichung meiner eigenen Meisterschaft halten."*

Es gibt die verschiedensten Arten, auf welche dies noch untergliedert und verfeinert werden kann. Zum Beispiel läßt sich ein Mensch, dessen Verstand einmal hierhin und einmal dorthin flattert, leicht von Treulosigkeiten, den zahlreichen attraktiven Aufregungen der Welt, den Verzerrungen menschlicher Beziehungen und den Kräften seines eigenen instinktiven Selbst mitreißen. Ein solcher Mensch wird sich bemühen, objektiv, in Ruhe und Unabhängigkeit, über seinen Tag zu meditieren, indem er sich auf die Entfaltung von Treue, Einheit und der vollständigen Koordination seiner Verhaltensweisen konzentriert, so daß alles, was er dabei einschließt, von seiner wahrhaftigen Hingabe an die Wirklichkeit eingeschlossen wird.

Daher kann die verbindende Meditationsarbeit über den Tag verteilt dann angewendet werden, wenn die Überbleibsel der alten Natur bemerkt, wie Unkraut aufgesammelt und in das Zentrum des eigenen Kontaktes mit der Wirklichkeit gebracht werden, in welchem das Licht am stärksten erstrahlt. Dort verblaßt in der ernsthaften Hingabe an das Höchste und in völlig verzückter Anbetung des All-Umfassenden jeglicher Gedanke an die unkrautartige Struktur. Du mußt lernen, von Deinem äußeren Bewußtsein her auch die feinsten Anzeichen dafür zu bemerken, wenn Du auf jene äußeren Attraktionen und Kräfte ansprichst, die die alten Schwächen erneut aufleben lassen wollen. Du mußt Dich in dem Moment, in dem Du Anzeichen dieser bereits abgelegten Eigenschaften wahrnimmst, durch Deine Arbeit zum Erreichen des erweiterten Bewußtseins daran erinnern, daß sich Deine gesamte Wesenheit, alle Deine Körper, Dein aurisches Umfeld und die ganze Breite Deiner Interessen eingeschlossen, der Einheit verschrieben haben, um sich der Vollendung Deiner Meisterschaft zu weihen.

Dabei darf die Meisterschaft nicht ein Ziel in sich selbst darstellen, denn dies würde Dich zu einem Egoisten machen, der sich ähnlich prahlerisch verhält wie der legendäre Luzifer. Aber Du benötigst die Meisterschaft, und Dein Wunsch danach wird solange bestehen, bis Du diesen Zustand selbst erlangt hast. Dein Streben nach Meisterschaft richtet sich auf die Manifestation eines wesenhaften Zustandes, der den anstehenden Bedrängungen standzuhalten vermag, welche sich auf Deinem weiteren Entwicklungsweg ergeben werden. Du wünschst Dir die Ganzheit und den Frieden der Meisterschaft, sowie die damit verbundene Fähigkeit, Meister Deiner selbst und der äußeren Gegenspieler zu sein. Dir verlangt es nach dem Frieden der Meisterschaft, damit sich das vollkommene Wissen, welches vom Geist des Kosmos umschlossen wird, nach und nach innerhalb Deiner nun beherrschten Interessen entfalte.
Sei deshalb noch einmal daran erinnert, auch in kleinen Dingen nach meisterhafter Ausführung zu streben. Überwinde Spitzfindigkeiten, Hinterlist und Falschheit. Sei aufrichtig bis in das Zentrum Deines Selbst hinein – zu jedem einzelnen und in jeder Situation. Eine solche Verhaltensweise mag vielen unangenehm sein – eventuell Kummer bereiten – aber unabhängig davon mußt Du Dich um Ernsthaftigkeit und volle Integrität bemühen. Wünsche eines anderen Menschen dürfen Dich niemals davon abhalten, Deine rückhaltlose Verbindung mit Deiner eigenen Realtität zum Ausdruck zu bringen. Nach und nach werden Deine ernsthaften Bemühungen nicht mehr verletzend wirken. Sie werden all jenen Vertrauen und Stärke schenken, die Deine Metamorphose von einer Raupe zu einem Schmetterling im Laufe Deiner Entwicklung beobachten.
Widme Dich daher während Deiner Andachtsübungen gewissenhaft der Meisterschaft, wie sie sich Dir auf Deiner Entwicklungsstufe darstellt. Konzentration, Meditation und Kontemplation über die Meisterschaft werden Deine höchste Erkennt-

nisebene wecken und Deiner Welt Deinen wertvollsten Dienst darreichen.

Reflektive Meditation umfaßt rationales Denken durchdrungen von kausalem Bewußtsein. Das heißt, es handelt sich um eine Kombination aus dem besten und höchststehenden vernunftsmäßigen Denken, welches Dir zu eigen ist, vermischt mit der Kraft jener intuitiven Feuer, die Deine Gedanken nähren. Reflektive Gedanken stehen in Verbindung mit jenen Seinszuständen, die über Dich hinausreichen, mit jenen Realitäten höherer Dimensionen, die Du nicht eher zu unterscheiden vermagst, bis Du den Weg zu den höheren Schwellen wirklichen Eins-Seins beschritten hast.

Verbindende Meditation ist von deinem Zugriff auf jene Elemente der Wirklichkeit erfüllt, um welche Du weißt – für die Du Dich bisher geöffnet hast. Reflektive Meditation berührt in erster Linie all das, was Du sowohl des nachts auf den inneren Ebenen als auch mit Deinem äußeren Bewußtsein vernommen hast. Vieles davon hast Du bisher nicht in Betracht gezogen, und dies verharrt nun unnütz im Hintergrund Deines inneren Wesens. In der reflektiven Meditation wirst Du sogar in die Lage versetzt, Dich in Bewußtseinssphären zu erheben, die Du niemals zuvor erfahren hast. Darüberhinaus werden Dir in diesem Zustand die Zukunftsvision und die Erklärung für Kräfte geschenkt, durch welches es Dir möglich ist, darüber zu entscheiden, wie und wann sich diese notwendigen und hochentwickelten Hilfsmittel, Übungen und Entdeckungen einstellen werden. Erfreue Dich daher an allen Methoden, die Deine Eignung für die richtige Ausführung reflektiver Arbeit verbessern. Diese nutzt die höchsten Aspekte Deiner Gesinnung und die Gesamtheit Deiner Seele oder Deines Kausalkörpers. Sie befähigt Dich, diese höheren Regionen zu betreten und während Deiner Existenz in der äußeren Welt zeitweise in ihnen zu verweilen; durch Übung kannst Du lernen, schnell und leicht in jene höheren Sphären zurückzukehren, in denen sich die Kraft jenseits jeglicher Dir möglichen Vorstellungskraft auszudrücken vermag.

Der Bewußtseinszustand der Einheit bezieht sich vollkommen auf den Seelenkörper und den Adonai. Er handelt strikt nach dem, was er erkennt. Er wirkt die Muster der Zukunft. Reflektive Meditation tut dies ebenfalls, obgleich Dir Einwirkungen der Einheit durch Dein eigenes Wirken als Kanal, Deine eigenen Gedankengänge und Deinen eigenen Idealismus geschenkt werden. Sie werden in Deinen Mentalkörper eingeprägt, um danach in Deinen eigenen Wirkungskreis einzufließen. Nur sehr wenige halten diesen Zustand auf Dauer aufrecht. Du erreichst ihn in Deinen lichtesten Momenten – nur bei wenigen Gelegenheiten innerhalb eines Lebens – gewöhnlich über Schmerz oder spirituelle Verzückung, die oft auf irgendeine Art der Entsagung folgt.
Tore, die bisher für Dich verschlossen waren, öffnen sich nun, und durch diese Öffnung mag es Dir möglich werden, das zu berühren, was man als supramentales Bewußtsein bezeichnen kann. Es ist auch als kreative, ursprüngliche, sinngebende und elektrische Welt der Gottesenergie bekannt. Die Mittel für das Erreichen dieses Zustandes sollen besonders betont werden: Vollkommene Ernsthaftigkeit bildet die Voraussetzung, es darf keine Überbetonung des Selbst oder gar ein Taumel der Hingabe entstehen, sondern ein vollkommenes, lauteres, freies, natürliches und ernstgemeintes Streben nach Gott, um jenen Zustand zu erreichen, in dem der einzelne von der bewußten Erkenntnis der Unendlichkeit Gottes durchdrungen ist. Zeigt sich ein Individuum daher wahrhaftig und vollkommen ernsthaft ausgerichtet, werden die dazwischentretenden Zustände in einem Augenblick transzendiert, die eigene Seele faßt die Erkenntnis, und die Gedanken werden umfassend und vom Licht

erfüllt, in dem sie sich findet. Wiederum fehlt jegliche Dramatisierung – man sieht nur das Wunder, die Freude und Einheit mit der Kraft, die nährt, leitet und erfüllt. Der Mensch fühlt sich, als besäße er tausend Augen, die alle das Licht ausstrahlen, das ihn erfüllt.
Wann immer Du den Zustand der Einheitsmeditation zu erreichen vermagst, ähnelst Du einem Schwimmer, der durch mächtige Wogen, die seine eigene Kraft übersteigen, in das Wasser hinausgetrieben wird. Wirklich wäre es nicht sicher, sich dieser Flut und den ungeheueren Wellen ständig auszusetzen. Aber da Gott selbst Deine Sicherheit darstellt, vermagst Du den starken Strömen und der atemberaubenden Schönheit dieser Gewalten standzuhalten, vorausgesetzt, Deine Gedanken bleiben klar, während Du Deine Basis in der Welt durch eine ausgerichtete Lebensführung aufrechterhältst.

Folge dem regelmäßigen Pulsschlag Deiner Einstimmungsübungen mit ernsthafter Erwartung. Wechsle jedesmal vom verbindenden zum reflektiven Bewußtseinszustand. Versuche – aber sei nicht zu sehr beunruhigt, wenn es Dir nicht gelingt – Dich an der Einheitsmeditation zu erfreuen. Für die meisten Novizen wird es so scheinen, als würden sie im Raum schweben, wobei der Raum dann furchteinflößend ist. Befreie Dich von dieser Furcht, von der Größe und Unermeßlichkeit der bedeutsamen spirituellen Kraft, welche sich Dir entgegenstellt, erdrückt zu werden. Du wirst Dich langsam an sie gewöhnen. Widme Dich an einem anderen Tag erneut der Hingabe des Selbst in den Ozean göttlichen Umfangenseins, um nach Einheit zu streben. Eines Tages wird dieser Zustand, der sich als Ergebnis davon einstellt, daß Dein Denken und Deine Erkenntnisse über das Sein des Adonai empfangen werden, so selbstverständlich für Dich sein, wie es nun in Deinen lichtesten Momenten die Erkenntnis Deiner seelischen Erfahrungen ist.

Meisterschaft beginnt mit der Eroberung Deiner höchsten Bewußtseinszustände und dem Heranwachsen Deiner auf Einheit ausgerichteten Kräfte zu einer besonderen Stärke. Das Einheitsbewußtsein liegt jenseits des Verstandes. Es umfaßt das Energieniveau der Seele und des Adonai. In ihm liegen Lebensgrundlage, spiritueller Wille und die ganze Skala göttlicher Kräfte für Deine konsequente Arbeit. Es ist wichtig, die drei bereits erläuterten Bewußtseinszustände zu verstehen, denn Du sollst in allen dreien wirken können. Beziehe die Analyse und Beschreibung dieser Zustände auf Deine eigenen inneren Bedürfnisse. Du, der Du Dich der Schwelle näherst, warst aufgrund der Beeinträchtigungen und Widerstände Deiner Schattennatur ein Fremder für das höchste spirituelle Bewußtsein, das Einheitsbewußtsein. Wie auch schon die alten Weisen festgestellt haben, besitzt der Mensch innerhalb seiner siebenfältigen Wesenheit einen Dämon und einen Engel. Die sündige Schattennatur, die die niederen Emotionen und den ganzen Bereich des Instinktes beeinflußt, bleibt bis zu ihrer Überwindung der Hauptfeind des Menschen. *Die schwärzesten Kräfte im Kosmos besitzen bei weitem nicht die Macht, Dich so zu beeinflussen, wie es Dein eigener innerer Schatten vermag.* Dir soll ein größeres Verständnis für das vermittelt werden, was Du noch vollbringen mußt, und zwar sollst Du auf Deiner irdischen Pilgerreise nicht nur bewußt nach innerer Freiheit streben, sondern Dich auch von dem Tyrannen in Dir befreien. Alle verderblichen Interessen, Anziehungspunkte, Launen, Verblendungen und Verführungen entspringen der Schattennatur, die unter Kontrolle gebracht werden muß. Kurz gefaßt liegt der Unterschied zwischen einem Meister und einem weniger entwickelten Menschen in den überwundenen und noch unüberwundenden Konflikten und Beeinträchtigungen.

Reflektiere täglich in der Meditation über die Tatsache, daß Du eines Tages vollständig in der Sphäre des Einheitsbewußtseins wirken wirst, die jenseits der mentalen Fähigkeiten liegt. Aus diesem Grund solltest Du regelmäßig danach streben, voller Sehnsucht und Andacht so hoch zu steigen, wie es Dir Deine Bewußtseinsstufe erlaubt. Je höher Du Dein Bewußtsein zu erheben vermagst, um so größer und umfassender wird Deine Möglichkeit, den Beeinträchtigungen des Schattens zu widerstehen und sie zurückzuweisen.

In jedem Menschen liegen solche Fehler verborgen, die jenen innerhalb der Erde ähneln, die zu Erdbeben führen. Es mag sich hierbei um Genußsucht in Hinblick auf Appetit, Sinnlichkeit oder Extravaganz handeln oder darum, Eigensinn und Ichbezogenheit einer zügellosen emotionalen Natur zuzulassen. Was auch immer Dein Fehler sein mag, er stellt ein offenes Tor für den Schatten dar, um ihm zur Herrschaft über Dich zu verhelfen. Dieser dämonische Einfluß wird Deine Gedanken und Wünsche hinsichtlich der Meisterschaft noch bestärken, in der Hoffnung, Dich eigensinniger, unabhängiger und unwissentlich egoistisch zu machen. Tatsächlich arbeiten die tyrannischen Kräfte auf Unabhängigkeit hin – um ihre eigenen Gesetze mit dem Ergebnis zu entwickeln, daß sie jeder Unterwerfung unter das Licht oder jedem Gehorsam diesem gegenüber widerstehen. Aus diesem Grund muß zu dem Streben nach Meisterschaft gleichzeitig eine immer stärker werdende Selbstaufgabe, ein noch deutlicheres Liebesbewußtsein treten; denn nur so vermag man Meisterschaft zu erringen – durch Teilen.

Bedenke all dies und versuche besser zu verstehen, worin die Gefahren bestehen. Erkenne, daß, ganz gleich wohin Du auch reist, sei es in neue Bewußtseinssphären oder an Orte, an denen Du fremde Menschen triffst, Du Deine Fehler solange bei Dir trägst, bis Du sie unter Kontrolle gebracht und später überwunden hast. Wie immer Deine Schwächen auch aussehen mögen, nach und nach werden sie zu Deinen *vorrangigen Stärken* werden – zu der Grundlage, auf der Dir alle anderen göttlichen

Qualitäten mühelos zufliegen werden. Während du schon nach dem Licht strebst, magst Du noch Störfaktoren erlaubt haben, Dich zu deprimieren oder zu beeinträchtigen. Wir wollen uns einen Menschen vorstellen, dessen Fehler hauptsächlich in dem physischen Bereich übermäßigen Appetites liegt. Er wird, während er sich bewußt der Überwindung dieser Schwäche hingibt, lernen, ein ganz neues Verhältnis zur Ernährung zu entwickeln. Er muß seiner Wunschnatur die umfassenden und strahlenden Eigenschaften der Gesundheit einprägen. Solange, bis er seine Stärke entwickelt hat, mag er die angenehmen Verlockungen aller Arten von Speisen spüren, die einst ihren tödlichen Einfluß in ihm wirken ließen. Er sollte in der Lage sein, sich zwischen verlockenden Speisen zu bewegen; um sie mit Augen der Weisheit zu betrachten, wissend, daß sie dem Tod dienen. Auf die gleiche Weise muß er sich mit dem anfreunden, was seine Beziehung zu dieser physischen Welt über die Gesundheit ausdehnen, verstärken und verschönern wird.
Jene, in denen die Feuer der übermäßigen Sinnlichkeit lodern, müssen eine neue Beziehungsform zu den Menschen aufbauen. Jedes Geschlecht sollte das andere als Schwestern beziehungsweise Brüder betrachten; und in den Übungen sollte sich der einzelne sagen: *„Mit der Ausnahme des (der) Einen, den (die) ich gewählt habe oder den (die) ich suche, für den (die) ich mich aufsparen möchte, will ich alle anderen Männer (Frauen) als Brüder (Schwestern) ansehen."*
Bist Du diesen Worten entsprechend mit genügend großem Enthusiasmus beharrlich, wirst Du solche Beziehungen als Abenteuer empfinden, die Dich weit stärker zu fesseln vermögen als jene der alten Form, als Du Dir noch Verblendungen mit all ihren versklavenden Auswirkungen erlaubt hast.
Für jene, in denen noch die Dunkelheit des Stolzes lebt, in denen Egoismus spirituellen Fortschritt vereitelt, muß eine wahre, ursprüngliche und selbstlose Hingabe an ihr Sehnen nach Ganz-

heit entwickelt werden. Du hast jetzt und auch in Zukunft keinen Grund, stolz zu sein. Läutere Dich daher häufig, indem Du Dich mit dem Göttlichen in Dir verbindest, das aus sich selbst heraus in vollkommener und reiner Demut der Hingabe an das Wahrhafte erstrahlt. Oftmals wirst Du inmitten eines Gedränges stehen und erneut ein leichtes Aufkeimen der Störungen der Schattennatur wahrnehmen, aber mit fortschreitendem Bemühen um die Meisterschaft wirst Du der Dunkelheit des Stolzes nicht länger erlauben, sich zu erheben und Dich aufzuhalten. Bist Du Dir dieses Fehlers bewußt, sprich die Worte: *„Ich weise alles Böse aus dem Hause meines Vaters. Die Heimat meiner Wesenheit ist das Haus Gottes. Ich wünsche, daß der Frieden hier eintreten möge. Möge sich seine Stärke als heilig und sein Einfluß als anhaltend erweisen."*

Statt in der Asche leerer Freude zu jauchzen, betrachte es als einen größeren Verdienst, Dich ohne Partei zu ergreifen und voller Selbstaufgabe unter jenen zu bewegen, die ansonsten dazu neigen würden, Dich zu loben und anzuhimmeln.
Der Zweck dieser Belehrung liegt darin, Dir zu helfen, Deinen Schatten zurückzuweisen und die Herrschaft der *Göttlichen Gegenwart* in Dir aufzubauen.
Bemühe Dich, jene Höhen in Dir kennenzulernen, die noch verborgen sind, wissend, daß sich ihr Schleier heben läßt. Laß Deine Erkenntnisse aus jenen Höhen in ein beseeltes Leben einfließen, während Du nach dem Herrlichsten strebst, das Du zu verstehen vermagst.
Nachdem Du Deine Einschwingungsübung und andere Vorbereitungen, die Deine Seele für diesen Tag gewählt hat, ausgeführt hast, wirst Du an einem zentralen Punkt Deiner Meditation die Worte sprechen: *„Gott ist in mir; und ich bin in Gott"*, wobei Du Dir ins Gedächtnis rufst und dies auch zu spüren versuchst, daß der Adonai mit dem göttlichen Funken verbunden

ist. Fahre dann fort: *„Gott ist; und ich bin aus Gott heraus. Meine Seele ist erfüllt vom Licht. Mein Verstand erkennt das Wahre. Meine Emotionen streben nach dem Guten. Mein Energiekörper strahlt das Licht aus. Meine physische Form verkörpert das Licht und nimmt es auf."*

Sprich dann voller Idealismus, indem Du den spirituellen Willen zu Hilfe nimmst: *„Ich entscheide mich für Gott, ich strebe nach Gott, ich vermag Gott zu erkennen, ich bete Gott an, ich verherrliche Gott. Ich bin in Gott, gänzlich vollkommen, zentriert und voller Frieden."*

VIII. Kapitel

# *Die Lehren der Einstimmung*

*Kein Brot vermag den inneren Hunger des Menschen so zu stillen wie die spirituelle Wahrheit.*

Wenn Du als Neophyth die Stufe eines Jüngers erklimmen möchtest, mußt Du Dich unter Aufbietung aller Kräfte um die elementaren Stufen bemühen, die Dich zur Meisterschaft hinführen. Erinnere Dich voller Unternehmungslust daran, daß Du als Wächter der Schwelle dienen sollst. Alle erwachten Schüler auf Erden müssen Wächter der Hierarchie Christi sein, Leuchttürme zwischen den zwei Welten – keiner angehörend, doch Teil von beiden.

Hast Du Deine grundlegenden Anstrengungen erfüllt, bist Du für den nächsten Schritt bereit: Indem Du erneut mit der Einstimmungsübung beginnst, rufe danach ehrfurchtsvoll die atomaren Intelligenzen jedes Körpers dazu auf, das Licht freudig zu empfangen und sich von ihm durchfluten zu lassen.

Schreite nun zur zweiten Stufe weiter. Widme Dich mit innerlich aufeinander eingestimmten Körpern, auf die Ganzheit hin ausgerichtet und voller Demut, die das ganze Selbst besänftigt, harmonisiert und reinigt, dem, was als Deine »Wächteraufgabe« bezeichnet werden kann. Beginne damit, Deine psychischen Mauern zu beseitigen. Männer und Frauen sind nicht nur von ihren eigenen Auren umschlossen, die auch zerstörerische Elemente enthalten, sondern gleichermaßen von anderen belastenden Atmosphären, die sich nicht eher auflösen, bevor Du ihnen nicht mit Hilfe klarer Gedankenausrichtung oder Willensanstrengung eine Ordnung aufgeprägt, an ihnen gearbeitet, oder Sie verändert hast. Darüberhinaus werden die segensreichen Energien und strahlenden Archetypen, die ernsthafte Aspiranten auf Ersten motivieren könnten, oftmals aufgrund dieser Kräfte nicht erkannt, die wie Barrieren auf den ätherischen, astralen und mentalen Ebenen wirken. Du mußt nun zu einem Träger des Lichtes werden. Stehe als Wächter spirituell aufrecht dar und werde aufgrund Deiner inneren Macht, Deiner inneren Schönheit und Deines inneren Adels sowie der Gesamtheit Deiner bisher erworbenen Kräfte zu einem wachsamen Sprachrohr. Verlange voller Demut nach einer Reinigung Deiner Aura durch das göttliche Licht. Stelle Dir dann vor, wie ein Strom von Deinem Scheitelzentrum bis unter Deine Fußsohlen hinabströmt und daraufhin an der linken Seite Deines Körpers erneut zum Scheitelzentrum hinaufsteigt.

Hast Du die Reinigung Deiner Aura wahrgenommen, erweitere den atmosphärischen Kreis um Dich herum. Dies wird augenblicklich zu einer Vergrößerung Deiner Aura führen. Sie wird sich auf ihre bisherigen Proportionen zurückentwickeln, wenn Du nicht den gedanklichen Einfluß, das sich ständig erweiternde und aktive Feld um Dich herum, aufrechterhältst.

Als nächstes sollen sich Deine Bemühungen auf die ätherischen Kräfte ausrichten, die die nächste Ebene ausmachen, mit der Du Dich zu beschäftigen hast. Wenn Du auch in diesem Bereich eine Reinigung und Erweiterung verspürst, arbeite daran, Deinen Kontakt mit dem Astralbereich, der Dir nähersteht, zu öffnen und zu vergrößern. Schaffe mit Hife Deines spirituellen Willens und der Kraft Deines inneren Strebens einen Pfad, indem Du diese Worte sprichst: „*Dieser Weg möge ein Pfad des Lichtes sein, und er möge das Licht stets erneut einstrahlen lassen!*" Richte Deinen Willen gleichermaßen darauf, daß Deine aurischen Kräfte die Atmosphäre um Dich herum öffnen mögen und klar erhalten, bis Du diese erneut ausweiten kannst.
Wende Dich nun dem niederen Mentalbereich zu. Gerade auf dieser Ebene muß nach einer größeren Klärung gestrebt werden, da die meisten Menschen hier schwer an all dem tragen,

was sie in ihren brütenden Gedanken mit sich herumschleppen. Du darfst Dich dabei nicht auf eine Läuterung Deines Verstandes beschränken, indem Du von allem Negativen und Dunklen, von jedem Unglücklichsein und jeder Frustration, die in Dich einzudringen sucht, abläßt. Du mußt bei solchen Reinigungsprozessen auch den analytischen Kräften Deines Verstandes zu einer Vereinigung mit den kreativen Aspekten des Bewußtseins verhelfen. Vergiß nicht, Deine Erkenntnis- und Wahrnehmungsfähigkeit zu üben, denn dadurch reinigst Du den Mentalkörper. Dadurch wird sich für einen starken Verstand ein Tor erst zum Mentalbereich, dann zum Kausalbereich und schließlich zum Adonai öffnen. Letztendlich versucht man nicht, ein Tor zum Absoluten Geist zu erschließen; man lebt einfach innerhalb der sich bewußt entfaltenden Kräfte des Gottesfunkens.

Widme Dich, nach Vollendung dieser Arbeit, ebenso Deinem Heim, reinige, erhöhe und vergrößere die aurischen Bänder, die dieses umgeben. Arbeite dann an Deiner Nachbarschaft oder Deinem Stadtteil und richte Deine Gedanken schließlich in der gleichen Weise auf Deinen ganzen Planeten.

Kommst Du zum Schluß zu der alchemistischen Arbeit des Geistes für Deine planetarische Aufgabe, solltest du Dir nacheinander immer nur einen Aspekt vornehmen, indem Du diesem einen ganzen Tag widmest und in zweistündigen Abständen arbeitest. Beginne diese planetarische Reinigung mit der physischen Welt, und bitte darum, daß sich das durchdringende, vibrierende und transformierende Licht zuerst voll warmer Intensität in den Gebieten der physischen Welt manifestieren möge, in denen Spannungen und Krisen herrschen, daraufhin in dem Land, in dem Du lebst, und schließlich in allen anderen Ländern der Erde, die in die anstehenden Konflikte und Kriege einander bekämpfender Willensimpulse verstrickt sind. Bitte auch darum, daß die psychischen Trümmerhaufen, die Strudel psychischer

Gewalt vom Licht angegriffen und durch das Licht gereinigt werden.
Am nächsten Tag solltest Du die gleiche Arbeit von der ätherischen Ebene aus tun, darum wissend, daß Deine Strudel in diesem Bereich größer, weniger leicht zu fassen und weniger empfänglich sind als die auf der physischen Ebene.
Steige dann zu der astralen Form dieser Strudel auf, dem sogenannten Bösen. Dort arbeitest Du nicht daran, die sich zusammenschließenden Kräfte, die die Gewalt umgeben, zu läutern, sondern auch daran, die Astralkörper aller Individuen, die, willentlich oder unwillentlich, in den Konflikt verstrickt sind, von dem Impuls des Bösen zu reinigen.
Klettere nun auf die Mentalebene, die noch weniger empfänglich ist, und nimm Dir dafür auch mehr Zeit. Dort arbeitest Du so an der Reinigung der Strudel, daß sie dem Menschen nicht länger Böses eingeben oder ihre niederen Imaginationen zu größeren Schöpfungen des Schreckens aufbauen. Verbanne, so gut Du es vermagst und auf die gleiche Weise wie Du dies auch hinsichtlich Deiner eigenen atomaren Edam-Ringe tust, die Tendenz, auf Gedanken niederer Motivation anzusprechen.
Setze diesen Reinigungsprozeß fort, indem Du darum bittest, daß diese Zentren psychischen Elends und Krankheit neue Impulse erfahren, die Du bewußt einladen und ihnen einen Pfad von den höheren Ebenen hinab bereiten mußt, um böse Gedanken und deren Auswirkungen auf jeder Ebene zu reinigen. Laß sich die neuen Energien verbreiten, lade sie ein, rufe sie voller Ehrfurcht herbei, gib die Anordnung zur Läuterung. Vermagst Du keinerlei Reinigung zu verspüren, bemühe Dich darum, Dich selbst zu öffnen, stelle Dir die Wege bildlich vor, auf denen die göttlichen Strahlen eintreten könnten, um ihre aufbauende Arbeit zu verrichten und die Weisheit zur Anleitung der Führer Deiner Welt freizusetzen.
Dies soll Dir eine Idee davon vermitteln, wie Du als Wächter

Deinen Platz auszufüllen und Deinen Dienst für die Hierarchie Christi und für die Welt zu vollbringen vermagst.

Sein angeregt, Deine Lebensweise und Deine Ernährung soweit zu vereinfachen, daß sich aus Deiner klügeren Lebensführung Weisheit entwickeln kann. Beginne an einem im voraus bestimmten Tag, wiederum in zweistündigen Abständen, erneut zu üben, wie Du die atomare Struktur Deiner gesamten Wesenheit zu beherrschen vermagst. Fühle Dich insbesondere aufgefordert, bei der Behandlung jedes Körpers Deinen Willen auf die Verbannung der Ablagerungen und negativen Elemente zu richten, die Deinen jeweiligen Körper belasten.
Am zweiten Tag, diesmal zu den ungeraden Stunden, möchten wir Dich auffordern, Dich besonders der Reinigungsarbeit an Deinem Emotional- oder Astralkörper zu widmen. Bemühe Dich in den Morgenstunden als erstes, Deinen Astralkörper von all den negativ geprägten Eindrücken zu befreien, die Du seit Deiner frühen Kindheit aufgenommen hast. Tritt ihnen entgegen, setze sie frei und ziehe einen Schlußstrich unter diese emotional anhaftenden Formen. Ermutige in den Nachmittagsstunden neue Verhaltensformen, Sehnsüchte und Gefühle rein aufbauender Art. Präge diese höheren Emotionen den atomaren Intelligenzen Deines Astralkörpers willentlich und ehrfurchtsvoll ein. Am Abend solltest Du einer erhabenen Musik lauschen und der Musik gestatten, Dein astrales Bewußtsein mit ihrem reinigenden und erhebenden Einfluß zu durchziehen.
Übe am dritten Tag, zu den geraden Stunden, Dich mental aller zerstörerischen, tod-bringenden Emotionen und Gedanken zu enthalten. Vertreibe aus Deinem Mentalkörper und aus dem Edam-Ring jedes Atoms die zerstörerischen Unreinheiten und Erinnerungen, die dort aufgespeichert wurden, und setze sie frei. Heiße in den Nachmittagsstunden gedankliche Frequenzen in Deinem Mentalbereich willkommen, die erhebend und auf-

bauend wirken. Bemühe Dich an einem anderen Tag, jetzt zu den ungeraden Stunden, Dir in den Morgenstunden der innersten Winkel Deiner Seele und Deiner inneren Individualität bewußter zu werden. Nimm Dir Zeit, Dich selbst kennenzulernen. Wende Dich in den Nachmittagsstunden voller Ehrfurcht an die geistige Individualität in Dir, um Deinen bewußt errungenen Erfahrungen, Tagesabläufen und Aufgaben die Bereicherung und Bestärkung zuteil werden zu lassen, die nur diese zu vermitteln vermag. Bitte darum, daß das Orium-Band der Atome, die Deinen Kausalkörper bilden, offen für die göttlichen Frequenzen werde und diese auch weiterreichen möge.

Dies sind die Bestrebungen, die der Fortsetzung der segensreichen Arbeit dienen und Dich befähigen werden, Deine Empfänglichkeit für ein neues Bewußtsein zu steigern. Lebe friedvoll in Deinem Innersten und kraftvoll aus dem Gottesfunken in Dir.
Für eine Verbesserung der Konzentration nimm diesen Vorschlag an: Übe ein Zur-Ruhe-Bringen des ganzen Selbst. Du mußt Deinem physischen Körper, sowie Deinen Energien und Deinen Nervenimpulsen befehlen, ruhig zu sein. Stille der emotionalen Natur bedeutet Ruhe und Reinheit in diesem Bereich. Die mentale Stille beruht auf einer Leere, einem Versiegen Deiner eigenen menschlichen Gedanken, was nun Deine größten Anstrengungen erfordert. Wenn der Verstand vollkommen ruhig, geöffnet und von allem Negativen befreit ist, was ihn zuvor erfüllt haben mag, kann er nun von der Seele als Spiegel benutzt werden, mit dem sie arbeiten und den sie als Reflektor für ihre eigenen erhabenen Höhen nutzen kann.

Achtest Du auf den Zweck Deiner Konzentration, wirst Du Dich beruhigen und soweit befreien, daß Du durch das Leerwerden aus den ewigen Quellen des Geistes erneut erfüllt werden

kannst. Der Verstand verfolgt daher das Ziel, die Wahrheit zu erkennen. Die Seele wird den ganzen Menschen steuern und wird doch, als Wachtposten, auf das Ewige hindeuten. Es gibt einen guten Grund, ruhig und aufmerksam zu sein – um der Einstimmung auf die Schwelle zum Gottesbewußtsein willen.
Erinnere Dich selbst häufig an Dein Ziel, und laß sich die Tür selbständig öffnen, um die Kraft einströmen zu lassen.

Formuliere Deinen Gedanken und schirme ihn durch eine positive Grundhaltung ab. Nun weißt Du um den Ursprung Deines Mutes und Deiner Stärke. Sie entwickeln sich nicht aus totem Material, noch aus einer Verbindung mit jenen Wesen, die dem Leben fern sind und nur in dem ausgestorbenen Tal ihrer zwielichtigen Reflexionen existieren. Deine Stärke entspringt unsterblichen Höhen und lebendigen Intelligenzen, die selbst nur Spiegel dessen darstellen, was sie in ihren ungetrübten Visionen wahrnehmen und unablässig als Gabe empfangen.
Karotten wachsen nicht auf Maulbeerbäumen und Vögel bewegen sich nicht kriechend durch den Schlamm der Erde. Das, was auf der Erde erfahren und bemeistert werden soll, muß auch in Deinen Sphären entdeckt und vollendet werden. Die höheren und spirituelleren Wahrheiten werden nicht zu Dir finden, wenn Du im Staub gräbst, sondern dadurch, daß Du lernst, wahrzunehmen und Ebenen zu ersteigen, auf denen diese in ihrer Macht weilen.
Es mag Dir helfen, wenn Du die Geschichte eines Schülers hörst, der durch die Fülle der heiligen Wahrheiten verwirrt war. Voller Inbrunst strebte er danach, vollkommen nach den Lehren der Heiligen Schrift zu leben. Sein Leben wurde zu einem ständigen Verwirrspiel, indem er an einem Tag dieses Prinzip zur Anwendung brachte, am nächsten jene Verhaltensregel, dann wieder eine andere, um am folgenden Tag einer weiteren Wertvorstellung zum Ausdruck zu verhelfen. Er beendete seine In-

karnation mit einer Aura voll ineinander verlaufender schmutziger Farben, die seinen ganzen Verdienst ausmachten. Doch bestand sein Farbenvorrat beim Abschluß vorhergehender Inkarnationen nur aus Grautönen. Er wird wiederkommen und tief und sorgfältig über all das nachdenken, was ihm offenbart wurde. Aus jedem dieser Gedanken wird er das Wesentliche als eine Art Saatkorn aufnehmen, worum er sich mühen und an was er sich umsichtig und vertrauensvoll erinnern soll.
Er sollte nicht an darauffolgenden Tagen die eine Wahrheit für die andere eintauschen, sondern in lebendiger gedanklicher Beschäftigung und mit würdigen Taten all diese Wahrheiten, die ihm gezeigt wurden, zur Vollendung bringen.
Diese Gedanken seien mit Dir geteilt, damit Du sie in Deinem Inneren bewegst.

Um spirituell zu wachsen, solltest Du ein vorurteilsloses Vertrauen besitzen, welches sich vollkommen in Deinen weise ausgeführten Handlungen widerspiegelt. Erkenne stets die Notwendigkeit, vermehrt bewußt erkanntes Glück in Deine eigene Existenz einfließen zu lassen. Die Gaben des *Ewigen Geistes* umgeben Dich unaufhörlich. Es ist bedeutsam für Dich, empfänglich für diese Geschenke zu werden. Die Tatsache, daß diese Geschenke vielen Menschen gleichzeitig dargereicht werden, weist nur auf die Unerschöpflichkeit des Gebenden hin. Mit anderen Worten bedarf dieser keinerlei Auffüllung seiner spendenden Quellen. Diese sind unergründlich tief. Ihr Wesen besteht darin, ständig von ihren Wassern zu verschenken. Auch Du selbst mußt nach einem Weg suchen, Dir die Quellen der unerschöpflichen Wasser zu erschließen. Es ist richtig und angemessen, die Gnade unerschöpflicher Segnungen zu erwarten, doch gibt es vorangehende Stufen, auf denen die eigenen Talente und Fähigkeiten genutzt werden müssen. Das alles einschließende Ewige wird die Kräfte, Impulse, Ideen und Hinweise bereitstellen, die ein eifriges, enthusiastisches und empfängliches Werkzeug in jedem antreffen, der nach Glück strebt.

Richte Deine Aufmerksamkeit weiterhin auf das Aufgehen in einem bestimmten Ziel, welches in vielen Fällen ein vermehrtes Hingeben an das Werk Christi sein sollte. Eine Möglichkeit zu vernachlässigen, durch welche eine Tat zu größerem Verdienst führen könnte, bedeutet sich eines Umweges schuldig zu machen, der das Erreichen des Zieles sogar verhindern kann.
Ebenso wie Du Deine Gesundheit durch fleißige und getreue Übung, ohne Ausreden und Ungehorsam, verbessern kannst, vermagst Du als Gesamtperson Deine Entwicklung auf ein geistiges Ziel hin zu beschleunigen.
Meditiere über eine Anregung Deines Temperamentes in bezug auf die Empfänglichkeit für Ideen, Energien und spirituelle Freuden.
Richte insbesondere in der ersten Andachtsübung jedes Tages Deinen Körper, Deine Nerven, Dein ganzes Bewußtsein auf die Verwirklichung dieser Anregung aus. Nimm Dir in diesen Morgenstunden vor, schneller zu reagieren, inspirierter zu sprechen und Deinen eigenen Gebeten entsprechend zu handeln, denn die Kraft wird für Dich bereitstehen, wenn Du darum bittest.
Denke als nächstes an spirituelle, heilige Freude – die göttliche Schöpfungsfreude – die Freude, die die "Bruderschaft Vollkommener Seelen" über jede größere Überwindung, die ein Mensch vollbracht hat, empfindet. Reflektiere über die Freude, die durch selbstlose Liebe von einem menschlichen Herzen zum anderen schwingt. Denke an die Freude seltsam komischer menschlicher Episoden. Betrachte die Freude jeden Tag stärker als ein heiliges Geschenk Gottes an die Menschen. Meditiere so intensiv über dieses Thema, daß auch inmitten einer spirituellen Prüfung die Einstimmung auf die heilige Freude so stark bleibt, als würde sich diese wie ein Strom durch das Zentrum der Prü-

fung ziehen. Ihr Licht wird Dein Bewußtsein dann mit Gedanken des Dankes speisen – mit Kraft und teilnehmenden Worten. Gehe drittens nachts nicht so spät zu Bett, daß Du bereits zu erschöpft für Meditation oder Schlaf bist. Monatlich mögen einmal oder zweimal solch späte Einschlafzeiten tolerierbar sein; im allgemeinen solltest Du jedoch so rechtzeitig zu Bett gehen, daß Dir noch genügend Zeit für eine beruhigende, erquickende Besinnung bleibt. In diesen Minuten solltest Du zu Dir selbst sprechen: *"Ich bin ein (eine) ständig wachsende(r) Sohn (Tochter) Gottes. Sowohl am Tag als auch während der Nacht muß ich viel für mein Wachstum tun. Ich strebe danach, mich auf Pfaden weiterzuentwickeln, die mir meine Meditationen weisen. Ich möchte meinem Tagesablauf freudig, mit schöpferischem Vertrauen und neubelebten spirituellen Kräften entgegentreten. Alle Tage mögen für mich durch das Licht gesegnet sein. Meinen Nächten soll die Feierlichkeit einer guten, tiefen Ruhe zu eigen sein. Ich möchte bei allem, was ich tue, und zu jeder Zeit vom Frieden erfüllt sein. Dieser Frieden wird mir, wie ich weiß, von Gott geschenkt, und er nährt mich in jedem Augenblick mit seiner freundlichen Ermutigung und Unterstützung."*

Alles, was sich Dir in den Weg stellt, kann über ein und denselben Kanal bezwungen werden – den Kanal göttlichen Vertrauens. Nichts, was Du erlebst, ist so überwältigend und schlimm, wie Deine Furcht und Deine Ängstlichkeit es scheinen lassen. Strebe eifrig danach, Spannung und Druck zu beseitigen, denn dies ist Dein heimlicher Feind. Konzentriere Dich auf aufbauende Gedanken. Öffne Dich für die göttlichen Wogen; und vergiß nicht, bewußt im Licht zu leben, auf daß Dich die Schrecken der Dunkelheit nicht länger überwältigen mögen.

IX. Kapitel

# *Hüter der Zeit*

*Möge wahrlich jede einzelne der Perlen auf der Schnur Deiner Stunden von Dir würdig genutzt werden, auf daß der Glanz ihrer Schönheit und das Leuchten ihres Schatzes in ganzer Tiefe erstrahlt.*

Du mußt für Dich zu einer neuen Ordnung Deines Lebens finden. Es wurde gesagt, die Ordnung stelle das erste Gesetz des Himmels dar. Ohne die Disziplin Deines Verstandes, Deiner Gefühle und Motive sind Deine Energien zerstreut. Befolge daher, Tag um Tag, einen wohlstrukturierten Plan. Konzentriere Deine Zielvorstellungen, gehe sorgfältig mit Deiner Zeit und Deinen Lebenskräften um. Führe das aus, was Dein Tagesplan zuläßt, auch wenn es Dich bis über Mitternacht hinaus beschäftigen wird. Danach wirst Du weiser sein, Deinen mißverstandenen Ehrgeiz zu erkennen. Am nächsten Tag werden Deine Pläne maßvoller und Deiner Zeit und Deinem Handlungsspielraum eher angepaßt sein.

Die Zeit Deines Lebens muß eingeteilt werden. Fühle Dich daher aufgerufen, einen inneren Plan über die Verwendung der Stunden, in denen Du bewußt wach bist, auszuarbeiten. Wenn Du zwanzig Aufgaben zu erfüllen hast und nur drei von ihnen in einer Stunde, bei exzellenter Ausführung und hoher Leistung, ausgeführt werden können, kannst Du die übrigen siebzehn daraufhin nacheinander oder zu jeweils zweien oder dreien in stündlichem Rhythmus angehen. Arbeite nicht um der Eile sondern um der Vollendung willen. Achte weniger auf die Anhäufung vieler Pflichten, sondern gedenke immer der Summe der Arbeiten, die an einem planetarischen Tag zum Ende gebracht werden müssen. Man erwartet von Dir, Deine Pflichten weiser, besser und auch schneller zu erfüllen, als Du es früher gewohnt warst. Sprich seltener laut zu anderen, sondern denke darüber nach, wie Du wirkungsvoll zu ihnen sprechen könntest. Nimm

Dir Zeit, ungestört über die Ausführung Deiner Pflichten nachzudenken und verschwende keine Energie durch nutzloses Herumrennen oder nervöse Eile. Stärke Deine mentalen Kräfte und schärfe Deine Sensibilität, indem Du Dir die Tatsache vor Augen führst, daß Dir Energie aus dem Raum selbst zufließen wird, um dem zur Vollendung zu verhelfen, was Du ersonnen hast. Strebe danach, von zwanzig Pflichten zwölf innerhalb der Zeit vom Morgen bis zum Mittag zu erfüllen, damit die Nachmittagsstunden für solche Arbeiten zur Verfügung stehen, die nicht so intensiver Reflexion bedürfen. Die genannten Zahlen sind dabei nur als Beispiel gedacht und müssen der jeweiligen Situation angepaßt werden.
Zarte Naturen seien aufgefordert, stark, wirkungsvoll und tatkräftig zu werden. Aus dem Zentrum Deiner eigenen solaren Kräfte mußt Du eine tiefe Entschiedenheit heraufbeschwören. Diese bestimmte Haltung wird jene Geschehnisse erst recht beschleunigen, denen Du durch Deine klar zum Ausdruck gebrachten Kräfte zur Manifestation in Deiner physischen Welt verhilfst.
Jenen, die entschieden auftreten, sich aber ihrer unausgeglichenen Aggressivität bewußt sind, wird es zur Aufgabe gemacht, dies Ungleichgewicht zu überwinden. Verzichte niemals auf die Gewißheit der Beratung von der Seelenebene her, aber vermeide die damit verbundenen Schwankungen – jene gewaltigen Energien, die derartige Begeisterungsstürme stets begleiten. Sei innerlich entschieden und bringe diese Entschiedenheit, als Repräsentant des Christus, durch eine Sanftheit und Zurückhaltung im Äußeren zum Ausdruck, ruhig, möglicherweise unbemerkt, aber in wirkungsvollem Einklang aus dem Hintergrund heraus.
Wenn Du sanft bist, mußt Du stärkere Bestimmtheit entwickeln und unter jenen zu einem Träger des göttlichen Willens werden, die sich aufgrund Deiner unerwarteten Bestimmtheit erstaunt

zeigen; trittst Du zu selbstbewußt auf, mußt Du lernen, Dich mit solchen Menschen zu identifizieren, die still und unerkannt dienen. Es ist gut, zu denen zu gehören, die keines Lobes, keiner Aufmerksamkeit und keiner Belohnung bedürfen.

Die Zeit in Deiner Dimension erscheint sehr schnellebig, und doch erfordern die Bestrebungen Deines innersten Selbst ewiges Bemühen. Du mußt unbegrenzte Geduld und ein in jedem Augenblick wirksames Vertrauen besitzen. Zu oft gehst Du über Details und Einzelheiten mit der Ausrede hinweg, Du müßtest Dich dem Wesentlichen widmen. Gerade diese wesentlichen Unterlassungen, diese Schwächen in der Bewältigung der tagtäglichen Aufgaben stellen Deine herausragenden Fehler dar. Erschaffe Dir langsam, aber bewußt, jeden Augenblick, den Du wach erlebst.

Bereite Dich in dieser fruchtbaren Zeit noch wirkungsvoller vor. Reiße Dich aus Deiner Lethargie verschwendeter Stunden heraus. Du mußt Deine Zeit gut einsetzen. Lerne, Deinen eigenen Fortschritt auf ganzheitliche Weise herbeizuführen. Sei ausdauernd und sorgfältig; und halte Dir, auch wenn Dir etwas nur langsam von der Hand geht, vor Augen, daß im Augenblick die Qualität der Anstrengung und nicht die Quantität des Erreichten zählt.
Deine Stunden sind bemessen. Die Ewigkeit ist lang. Es liegt an Dir, diese beiden in Einklang zu bringen. Deine Gedanken und Dein Geist können sich, selbst in Deiner zeitlich beschränkten Dimension, der Glückseligkeit und der Einheit des Ewigen angleichen, denn Deine Verbindung mit der Ewigkeit segnet Dich mit ihrer unermeßlichen Kraft.

Welcher Wert liegt doch in der Unterscheidungskraft und in der sinnvollen Verwendung der Zeit. Dein Leben muß so eingerichtet werden, daß Dir genügend Raum für Andacht, Arbeit und Entspannung bleibt – und natürlich auch Zeit für Deine Studien. Es ist wesentlich für Dich, Deine Tage mit Ehrfurcht zu erfüllen, die ein großes Maß an Freudigkeit beinhaltet. Niemand außer Dir selbst vermag die Unterteilung Deiner raum-zeitlichen Welt durchzuführen. Du sollst nur daran erinnert werden, die Stunden Deines Tagesablaufes intelligenter und weiser einzuteilen.

Verfalle nicht in Trägheit. Deine eigene Hingabe stellt das Tor dar, durch welches die Klarheit der höheren Sphären Eintritt finden kann. Die Spannen des Eins-Seins mit der Welt Gottes und des Geistes seiner Gegenwart müssen stets ein heiliges Abenteuer für Dich darstellen. Zögere niemals, wende Dich nicht um oder achte auf die Schatten, die hinter Dir liegen und die Dich auf Deiner langen Pilgerreise bereits zu lange verführt haben. Schreite weiter auf das klare Licht der Höhen Deiner eigenen Seele zu. Deine Transformation wird Deinem jeweiligen Fortschritt und Deiner Beharrlichkeit bei der Ausführung der Anweisungen des Geistes entsprechend ausfallen.

An diesem Punkt Deiner Unterweisungen sollst Du aufgefordert werden, zu einem hingebungsvollen *Hüter der Zeit* zu werden. Bemühe Dich, Deine reichlichen Schätze in Form von Stunden zu erkennen. Hüte Dich vor jeder Verschwendung. Widme kostbare Stunden nicht Umständen, Menschen oder Aktivitäten, die diese wirkungsvoll verpuffen lassen. Lerne, jeden neu anbrechenden Tag scharf und klar abzuwägen, damit Du die weite Spanne der Stunden in Deinen Meditationen zu schätzen und zu weihen verstehst. Wesentlich dabei ist es, jegliches Zaudern zu überwinden. Bemühe Dich unermüdlich, Dich auf den eingeschwungenen Rhythmus der Seelenkräfte einzustimmen und Deine Arbeiten im Einklang mit den seelischen Energien

zu verrichten. Widme Dich aufmerksamer Deinen Pflichten und der Überlegung, wie jede Aufgabe in einer bestimmten Stunde – und nicht erst zwei Stunden später – zu erfüllen ist. Lasse, wenn Dein Tag zur Neige geht, Deinen Schreibtisch mit klarem Verstand zurück und wende Dich anderen Arbeiten zu, die der Entspannung dienen.
Leite Dich selbst an, weiterhin die Stunden Deines Tages nutzbringend zu verwenden, um so jedes Wort, jede Handlung und jedes Motiv bewußt mit dem Od Deiner Seele zu umgeben.

X. Kapitel

# *Verbundenheit*

*Keine Magie kommt der transformierenden Wirkung der Liebe gleich. Es gibt kein Problem, welches die Liebe nicht zu lösen vermag.*

Eure Liebe füreinander soll sich durch erhabene Handlungsweisen ausdrücken. Laß Deine Liebe von spiritueller Natur sein, denn dann stellt sie keine Forderung an den Geliebten. Doch blickt sie tief ins Herz hinein und akzeptiert ohne Zurückweisung oder Verurteilung die Fehler, die oftmals aus der dem Bösen zugewandten Vergangenheit stammen. Diese spirituelle Liebe belebt gleichermaßen die Feuer des Wachstums und nährt durch ihr Wohlwollen den Wunsch des Bruders nach Entfaltung. Für jene, die beginnen, ewiges Leben zu berühren, während sie noch in ihren menschlichen Formen verweilen, ist es eine Vorbedingung, einen jeden so zu lieben, daß dies der Menschheit einen Eindruck von der Liebe des Geistes für die Menschen vermittelt. In Deinen höheren Körpern behandelst Du jeden anderen mit tiefstem Respekt und voller Dankbarkeit dafür, daß sich eure Leben getroffen haben. Laß diese Erkenntnis, die in den inneren Welten wahrhaftig und lebendig ist, nun zu einem Teil Deiner äußeren Einstellung *jedem Menschen* gegenüber werden. Handele nicht wie ein Automat oder so unentwickelt, nur die zu lieben, die Dir nahestehen. Lebe der Höhe Deines spirituellen Fortschrittes entsprechend, denn nur von diesem Standpunkt aus wirst Du die Existenz jedes einzelnen – jedes Mitgliedes der Menschheit – als äußerst bedeutsam und wertvoll ansehen. Überwinde Deine banale Anerkennung anderer. Wie Du bereits wissen magst, besitzt jede menschliche Seele in sich ein *Juwel,* das niemand außer seinem inneren Meister bisher entdeckt hat. Bisweilen schimmert dieses Juwel durch seine Persönlichkeit hindurch, aber in den meisten Faällen liegt es tief verschüttet und ist durch die fehlerhafte Lebensführung mit so dicken Schmutzschichten umgeben, daß das unvergleichliche

Licht des Juwels völlig verborgen bleibt. Jene, die dem Herrn dienen und den Weg spiritueller Erkenntnis beschreiten, müssen klugen Bergarbeitern gleichen, die ernsthafte und immer tiefergehende Vorgehensweisen entwickeln, um sich einen Zugang zu jenem Juwel im Wesen eines jeden Menschen zu erschließen. Du bleibst solange arm, bis Du es findest, nicht nur in Dir selbst, sondern auch in Deinen Brüdern und Schwestern. Hast Du diese besondere und einzigartige spirituelle Seite in Deinem Burder oder Deiner Schwester gefunden, wird Dir sein (ihr) *wahres Selbst* ein ständiger Wohltäter sein. Nimm nichts als selbstverständlich an, was das Glück, Wohlergehen oder angenehme Leben Deiner Geschwister betrifft. Erkunde auf das Drängen Deines eigenen Herzens hin Handreichungen, die ihnen zu tieferem Frieden oder größerer Freiheit verhelfen können.

Ziehe diese für Jüngerschaft und Wachstum bedeutenden Punkte in Betracht:
Für einige Menschen stellt sich die Frage, wie sie Widerstand und Selbstherrlichkeit bei anderen begegnen sollen. In erster Hinsicht treten solche Prüfungen als Ergebnis vollständigen Versagens bei der Überwindung der eigenen Selbstherrlichkeit oder zur Erweckung des eigenen Willens auf. Menschen, die selbst sehr bestimmt auftreten, neigen dazu, andere ähnlicher Natur zu versuchen. Achte daher, da das Wesen dieser Prüfung in einer unangenehmen Störung des Gleichgewichtes besteht, auf jede Gelegenheit, Deine eigene innere Gesinnung zu wandeln. Am Anfang ist es nahezu unabdingbar, sich auf die Aufrechterhaltung der richtigen Einstellung zu konzentrieren. Mit der fortschreitenden Entwicklung Deiner Selbstkontrolle und Unbeirrbarkeit vermagst Du dann mit der disharmonischen Reaktion eines anderen umzugehen. Bist Du ärgerlich, ängstlich, unglücklich oder erregt, treiben die eigenen Energien mit ver-

mehrter Beschleunigung vom Astralkörper fort. Bliebe dieser Zustand über eine lange Zeitspanne erhalten, würden Wahn oder Tod die Folge sein.
Beschließe aus der Erkenntnis heraus, daß eine unterdrükkende, willensmäßig geprägte oder einfach selbstherrliche Haltung anderer Dir zum Zwecke einer Prüfung entgegentreten mag, schon bei dem ersten Anflug, sowie bei jeder weiteren Prüfung dieser Art, derartige Emotionen sofort zu neutralisieren und Deine Aura mit spiritueller Willenskraft abzuschirmen. Solange Du nicht diesselben Strömungen wie der Angreifende spürst, besitzt Du einen Vorteil. Es ist daher falsch, aggressiv zu werden, denn dann erhält Dein Gegner den Vorteil. Im Angesicht des Bösen ist redliche Entrüstung gerechtfertigt, aber Entrüstung über Trivialitäten läßt Ungesundes entstehen. Die Seele, denkend, liebend und die jeweilige Erfahrung von höheren Ebenen her steuernd, vermag dem Strebenden einen Eindruck von dem Kräfteverhältnis in der jeweiligen Situation zu vermitteln. Um daher Selbstherrlichkeit, die Dich bei anderen stört, zum Schweigen zu bringen, mußt Du klare Worte ohne auch nur den kleinsten Anflug disharmonischer Emotionen sprechen – selbst ohne Gefühl von Überlegenheit.
Geistigen Leitsätzen folgend vermag in bestimmten Situationen eine sanfte Antwort Zorn wirklich zu vertreiben. Sanftheit, verbunden mit Bestimmtheit und Liebe, wirkt heilend und erleuchtend auf denjenigen, der Deine Prüfung darstellt. In unangenehmen Augenblicken solltest Du Gefühle und Gedanken wie diese hegen: *„All dies fällt von mir ab. Ich schüttele es von meinen Körpern, und durch das göttliche Licht wird es aus meinem Umkreis vertrieben und der göttlichen Obhut übergeben."*

Wenn die Liebe in Deinem Herzen unfruchtbar ist, bist Du nicht nur einsam, sondern lebst auch nur einen Teil Deines Wesens und Du entbehrst den vollen Umfang Deiner Kraft. Erinnere

Dich häufig dieser Tatsache, wenn Du Dich bemühst, einen Weg von Deinem Herzen zu den Herzen anderer Menschen zu bauen. Du allein bist dafür verantwortlich, beispielhafte Beziehungsmodelle zu entwickeln. Du magst Sündhaftigkeit oder das Böse hassen, verachten und bekämpfen, jedoch niemals den Menschen selbst. Nur dann, wenn du keinen Zweifel daran hast, daß ein Freund oder Feind auf dem linken Pfad der Evolution wandelt, magst Du ihm mit gefaßter Gleichgültigkeit entgegentreten. Gleichgültigkeit verletzt die Anhänger des linken Pfades, die Versucher der Menschheit, mehr als Haß.
Bemühe Dich besonders, starke, reine und unfehlbare Verbindungen zwischen Dir und anderen aufzubauen. Beginne Deine Arbeit an einem neuen, besseren Beziehungsmodell mit jenen, die Dir zu dem Zeitpunkt am nächsten stehen. Erschaffe ein herrliches Netzwerk mit den Seelen Deiner Dir am nächsten stehenden und vertrautesten Brüdern und Schwestern. Übe Dich mit ihnen in christlicher Bruder- und Schwesternschaft. Um ihre Schwächen wissend, mußt Du ihnen sanft und gelegentlich auch mit großer Bestimmtheit das Vertrauen, den Respekt und die Behandlung vor Augen führen, die Du ihnen entgegenbringen würdest, wenn sie ganz frei von diesen Schwächen wären. Wie kann jemand, der in seinem Gefühlskörper zerrissen und verwundet ist, wissen, was Frieden bedeutet, bevor nicht jemand anderes diese Emanationen, die beruhigen und heilend wirken, auf ihn richten?
Du mußt mehr damit experimentieren, Deine Position als Ehemann, Ehefrau, Schwester, Bruder oder Freund(in) harmonischer und vollkommener zu gestalten. Solange Du noch Schattenbilder, Schluchten oder tiefe Tümpel dunkler Kräfte zwischen Dir und Deinen Mitmenschen zuläßt, erfüllst Du nicht Deine Pflicht zur Gestaltung spiritueller Beziehungen.
Gestatte Dir keine Ausreden. Du magst für lange Zeit widerspenstig, voller Disharmonie und lieblos gewesen sein. Heute

stellst Du vielleicht ein Bündel destruktiver Grundelemente dar, da Dich Deine eigene lieblose Haltung krank werden ließ und vergiftet hat. Aber Du hast nicht das Recht, Deinen beklagenswerten Zustand auf das Bewußtsein anderer auszudehnen. Trage Deinen Gram, Deine Frustrationen, Krankheiten und Unzufriedenheit mit größerer geistiger Würde. Laß Deine eigene Negativität nicht auf andere übergreifen. Strahle ihnen gegenüber ein Licht aus – das Licht Deines Wohlwollens, Deiner Anerkennung, Deiner Kooperation, Deiner Geduld und vor allen Dingen Deiner spirituellen Liebe.
Sicherlich darf die Liebe innerhalb der Bruderschaft bewußter Jünger und Schüler nicht versagen. Die Liebe muß den zahlreichen Menschen, denen sie als unbezahlbarer Schatz geschenkt wird, Glück, Vergeistigung und Frieden bringen und sie mit vertieftem Respekt erfüllen. Bietest Du Dein größtes Vertrauen und Deine innigste Verehrung auf, wirst Du den Herrn Christus nicht enttäuschen. Dabei ist es genauso wichtig, auch Deine Mitbrüder und Schwestern nicht zu vernachlässigen.
Du selbst gleichst einer Insel im Meer der Unwissenheit. Dein Kopf erhebt sich über die dunklen Fluten gegen den unendlichen Horizont und die funkelnden Sterne. Verbinde Dich von Deiner Insel aus in reiner Harmonie mit denen Deiner Geschwister. Dann wird die 'Insel Deiner Individualität' so lange emporstreben, bis sie einem Berggipfel gleich sich erhebt.

Liebe muß mit all ihren Wundern noch vollkommener von Dir auf dem Pfad Deiner Jüngerschaft erfahren werden. Ist die Liebe in Deinem Herzen und Deiner Seele gegenwärtig, hat der Gottesfunke in Dir *bereits seinen Einfluß manifestiert.* Dies wird zu einem Deiner tiefsten Bedürfnisse.
Um ständig in der Liebe zu leben, um zumindest den ersten Schritt in Richtung auf diese entwicklungsmäßig fortgeschrittene Erkenntnis zu tun, magst Du zuerst den einfachen Wunsch

oder auch die Bitte äußern, von Deiner eigenen Seelenebene her die Liebe zu leben, zu empfinden und auszustrahlen. Da jedes Ziel, das mit Realitäten der Kausalebene verknüpft ist, Gründlichkeit, Tiefe und Liebe zu Gott voraussetzt, sei an die Notwendigkeit erinnert, Dein Streben nach Liebe aus Deinem Seelenselbst heraus zu begründen. Mögen jene, die bisher nur wenigen Menschen ihre Liebe schenken konnten, dieses Jahr beschließen, viele zu lieben. Laß jene, deren persönliche Verhaltensweise der Liebe entgegensteht, ihre Schroffheit und schwache Selbstbeherrschung verfeinern und mildern, indem sie als Ziel das Verströmen der Liebe durch ihre Freundlichkeit, ihre Gedanken und ihre maßvolle Haltung vor Augen haben.
Laß die Eigenwilligen und Egoisten nach größerer Liebe streben – der Liebe des Höchsten Geistes – für alle, die als liebenswert erkannt werden können. Das notwendige Sich-Selbst-Schenken, als Gabe der Liebe für andere, wird ein strahlendes und für all jene sichtbares Geschenk sein, die ein Anrecht darauf haben, an dem Fortschritt dieser Seele interessiert zu sein.
Laß sich die Oberflächlichen und Kleingeistigen dieses Jahr auf vertiefte Liebe, Sympathie und Interesse an anderen Menschen konzentrieren. Laß jene, die anderen frei und ohne Einschränkung ihre Liebe schenken können, lernen, noch weiser zu lieben.
Laß jene, die über ihre Zurückweisung der Lieblosen besorgt sind, daran denken, diese in der tiefsten Hoffnung für ihre innere Transformation der allweisen Obhut Gottes zu übergeben. Liebe wird die Einsamen zufrieden und in sich gefestigt werden lassen. Liebe wird den Unsensiblen die Sanftheit Christi verleihen. Liebe wird die Unausgefüllten zu wahrem Lebenssinn führen. Liebe wird den neurotisch Veranlagten Heilung und Erneuerung voller Selbstlosigkeit schenken. Nichts vermag der Liebe gleichzukommen oder ihre belebende Kraft zu übertreffen. In ihrer Wirksamkeit und ihrem Segen größer als die Weis-

heit, stellt die Liebe den Anfang und das Ende aller menschlichen Bedürfnisse dar. Habe Mut! Behalte Dein Vertrauen! Verlaß Dich auf jene Kräfte, die Dich schneller, stetig und unfehlbar zur Erfüllung der Jüngerschaft führen werden. Im Namen des Herrn, des Christus, bist du mit der Liebe beseelt und von ihr erfüllt. Bleibe der Majestät ihrer unumschränkten Kraft gegenüber wahrhaftig.

Liebe Deine Mitmenschen und alles, was Anteil an Deinem Leben hat, mit der Liebe spiritueller Verbundenheit. Erkenne das Werk Christi als die ideale Bruderschaft, und wende all Deine Kraft auf, dies voller Liebe unter Deinen Mitmenschen zu verwirklichen. Gib Dir täglich das Versprechen, demjenigen zu helfen, der Dich angreift, hilf ihm mit Deiner Wahrheit bringenden Aufmerksamkeit und laß ihn Dein Vertrauen in seine Fähigkeit zur Erneuerung spüren.
Suche täglich, über Deine Liebe zu anderen und speziell in der Unterstützung des Planes Christi, nach Möglichkeiten, Deine Liebe in Taten umzusetzen, so daß der Segen der Liebe durch das selbstlose Interesse an anderen seine Transformation beginnen kann. Konzentriere Dich während der Meditation auf die ungeliebten Mitglieder Deines Bekanntenkreises und der Gesellschaft und sende Deinen Liebesstrahl aus, um auch sie einzuschließen. Laß diese Übungen in Dir den Wunsch bekräftigen, jenen Menschen Erleichterung, Wandlung zum Besseren, Freiheit und Glück zu bringen. Laß Dich niemals von den Perversionen menschlicher Instinkte umgarnen, die irrtümlich Liebe genannt werden. Wann immer und wo immer Du es vermagst, bemühe Dich darum, diese fehlgeleiteten Kräfte in Dir und anderen Menschen zu korrigieren, zu durchlichten und zu läutern. Errichte Deine Beziehungen auf reiner und tiefer Christusliebe für die Seelen der gesamten Menschheit.

XI. Kapitel

# *Spirituelle Aspekte der Gesundheit*

*Durch den Kontakt mit dem Gottesfunken werden sich die Verstrickungen der zerstörerischen instinktiven Natur lösen – und zwar dauerhaft.*

Um dauerhaft zu sein, muß die Heilung dem Gottesfunken entspringen. Für jene, die der Heilung bedürfen, ist es wesentlich, sich während der Ausrichtung auf den innewohnenden Gottesfunken zu entspannen. Solange Du gesund bist, ist es weise, eine innere Kräftigung noch auszubauen. Jedoch mag auch im Krankheitsfalle diese Methode segensreich angewendet werden. Meditiere über das lichtvolle Selbst in Dir. Hast Du die stärkste Dir mögliche Konzentration erreicht, bitte um die Ausgießung des Lichtes.
Erkenne das Licht Gottes als Quell des Lebens. Meditiere über die Freisetzung der Lichtenergien in und durch alle Körper und Wesenglieder. Das Licht vermag aufgrund Deiner Bitte den Mentalkörper zu erreichen und die positiven Potentiale Deines Denkens in dem Maße zu aktivieren, daß Du erneute Zuversicht in die Gesundheit Deines Verstandes und Deiner Verhaltensweisen gewinnst.
Genieße, wenn sich das Licht weiterhin ausbreitet, und die göttliche Herrlichkeit Deinen Gefühlskörper durchzieht, die friedvollen Gefühle, die dem Licht des Gottesfunken entspringen. Überantworte auf dieser Ebene die Wellen der Depression, des Widerstandes, der Aggression, der Rebellion und der Furcht dem Licht und seiner Obhut.
Laß sich die Sonnenstrahlen auf die menschlichen Energien ausrichten, diese durchdringen und umgeben. Vertraue Deine Energien willentlich und so vollkommen als möglich der Heilung und Belebung durch das Licht an. Gestatte es der göttlichen solaren Kraft, sich jenen Organen zuzuwenden, deren Schwingungen sich verlangsamt haben, die lebensschwach und kraftlos wurden. Halte nicht ein, den Strahl geistigen Sonnenlichtes auf

das Organ zu lenken, bis Du die Wärme, den Frieden und die Entspannung verspürst.
Bitte nun darum, daß ein aktiver Strom göttlicher Strahlen Deinen ganzen physischen Körper energetisieren möge, indem er jedes Organ erneut ausrichtet, die Zellen wieder auflädt und Deine Aura oder die des Menschen, für den diese Heilungsarbeit geschieht, bis zum Überfluß erfüllt.
Würden sich die Menschen auf die Anwendung der Kräfte des inneren Gottesfunken besinnen, wäre ihnen eine Spanne fortdauernden Wohlergehens gewiß.

Jeder Mensch muß um sich einen Schutzwall errichten, den kein Anschlag und keine Katastrophe zu zerstören vermag. Dieser Schutzwall ist der *Friede*. Alles, was im Einflußbereich Deines eigenen Bewußtseins steht, muß auf diesen inneren Frieden hin ausgerichtet werden. Die Facetten Deiner verschiedenen Beziehungen dürfen nur in ihrer Übereinstimmung mit dem Frieden bestehenbleiben und müssen dessen beraubt werden, was diesem Ziel entgegensteht. Gestatte weder Enttäuschung noch Bedrohung, Furcht oder Freude, Dir Deinen Frieden zu nehmen, sondern nimm diese wie zufällige Gäste in den Einflußbereich Deines Wesens auf und erkenne, wie stark sie durch die Friedensschwingungen, die sie durchziehen, gewandelt werden können. Eindringlinge, die nicht in den Einflußbereich Deines Wesens gehören, müssen bewußt vertrieben werden, sobald Du einmal die Unwandelbarkeit ihrer Negativität erkannt hast. Du mußt Dir dessen bewußt sein, daß, was auch immer Du fürchtest – was nicht in friedvolle Akzeptanz innerhalb Deines Bewußtseins gewandelt werden konnte, aber dem Deine Aufmerksamkeit noch nicht vollständig entzogen wurde – im Eingang Deines Wesens verharren und immer mehr an Einfluß gewinnen wird, bis Du genügend an Kraft aufbringst, um es ins Licht zu erheben. *Keinem Mann, keiner Frau und keiner Situation sollte es gestattet sein, Dich Deines Friedens zu berauben.* Doch begegnet Dir all dies meist als Prüfung, und wenn Du ihnen mit der richtigen Einstellung entgegentrittst, wird es sich nicht länger um Fremde oder Gegner handeln – sondern um Freunde.

Du mußt den alchemistischen Einfluß der Liebe innerhalb der Heilungsarbeit in Betracht ziehen. Du mußt so von Liebe für Gott erfüllt sein, daß Du alles im richtigen Verhältnis siehst. Durch die vollkommene Liebe der Gottheit treten die Bedürfnisse der anderen, die Schönheit der Mitmenschen, der kleinen Geschöpfe und Tiere vor das eigene Selbst. Wärest Du in der Lage, diese Grundsätze voll tiefer spiritueller Bedeutsamkeit zu leben, würden die Hindernisse innerhalb Deines Selbst durch die Ganzheit dieser erweiterten Sicht dahinschmelzen.

Gelegentlich wird die Instinktnatur einen bedrohlichen Sturm, eine Überschwemmung mit ungezähmten Kräften, entfachen. Alle Ängste, Widerstände, Konflikte und Zurückweisungen, die zeitweise verdrängt wurden, werden sich in einer Flutwelle über Dich ergießen und ihre gigantische Gegenwart in einer augenscheinlich höchst unbedeutenden Situation offenbaren. Gerade dieses Hervorbrechen, unbemerkt von anderen Menschen, verdunkelt die Aura, erschöpft die inneren Körper und unterbricht die Verbindung zu den Kräften der Erneuerung, die das innere Selbst des Menschen nähren. Während dieses Aufbrechens von Kritik, Zweifel und Auflehnung, solltest Du Dich der Energie und den Segnungen der Liebe Deines Seelenselbst öffnen, damit diese die inneren Stürme durchdringen, läutern, besänftigen und auflösen können. Trägst Du einen sich widersetzenden Gedanken in das Zentrum der Liebe in Deinem innersten Wesen, wird Dir mehr als genug Tatkraft, Geschicklichkeit und Energie zur Verfügung stehen, womit Du diese negativen, feindlichen Faktoren Deines Bewußtseinsfeldes zu wandeln, transformieren und heilen vermagst. Denke daran, alle diese unwillkommenen Gäste, die Dein Bewußtsein seit Jahrhunder-

ten unwissentlich beherrbergt hat, *lassen sich in der Vibration eines Augenblickes umwandeln,* wenn Du von der lichten Höhe Deiner Seele her selbstlos, uneingeschränkt, rein und voller Hingabe zu lieben verstehst.
Liebe ist der Atem, die Schönheit und die Weisheit der Seele, und auf keiner anderen, tieferen Ebene wirst du Liebe finden; doch kann Liebe in die niederen Bereiche des Bewußtseins entsendet werden, wenn sie dort empfangen und erwartet wird.

Menschen, die die Wiedergeburt erlangten und Faktoren auflösen konnten, die zu ihrer schlechten Gesundheit und ihrem kränkelnden Verstand beitrugen, können transformiert und dauerhaft von den Gegnern innerhalb ihres eigenen Bewußtseinsbereiches durch die Taufe der Liebe befreit werden, die aus einem Gegner einen Bruder und aus einem Angreifer einen Mitstreiter werden läßt.
Suche danach, die innere Bedeutung dieser Lehre zu entdekken, vor allem ihre Bedeutung für Dein Leben und die Wandlung und Transformation aller Deiner Schwierigkeiten durch die Liebe.

Es ist wichtig für Dich, die innere Seite von Heilung zu verstehen, da diese eine Bedeutung für das gesamte physische Wohlergehen trägt. Jemand mag sich in allen äußeren Dingen vollkommen richtig verhalten – seinen Körper vorbildlich pflegen, seine Nahrung weise auswählen und zubereiten – ohne jedoch gesund zu werden. Das Innere des Menschen, seine psychologische Entwicklung, seine moralischen und spirituellen Facetten verlangen nach der gleichen – *wenn nicht nach größerer* – Zuwendung und Sorgfalt. Oftmals erkrankt ein Mensch, trotz äußerlich betrachtet weiser Lebensführung, weil er einfach nicht in der Lage ist, den Streß, den Druck und die ihn treffenden Sticheleien und Strömungen zu ertragen, die auf sein sensitives

Wesen einbrechen. Daher muß er für sein Innenleben eine ebenso strenge Kontrolle und Beherrschung aufbauen, wie er es für sein äußeres Leben bereits gelernt hat.

Wie bereits zuvor erwähnt, bestehen die zwei wesentlichen Hilfsmittel, durch welche die innere Wesenheit reguliert und geordnet werden muß, in dem Ausdruck unbegrenzten Friedens und dem Leben der Liebe aus den eigenen Tiefen heraus. Was Du zu vergeben oder zu lieben vermagst, kann keine ungünstige oder nachteilige Wirkung auf Dich ausüben. Daher mußt Du Dich Deinen stärksten Angreifern und jenen gegenüber, die Dich sogar unwissentlich durch den Vampirismus ihrer negativen Angewohnheiten zerstören würden, durch konstruktive Kräfte und Prinzipien verteidigen. Du mußt sie daran hindern, Dich weiterhin zu verletzen.
Hast Du Deine eigene Abgrenzung fest genug errichtet, wird ihre Negativität daran abprallen und direkt und kraftvoll auf sie selbst zurückgeworfen werden, wodurch sie erkennen können, wie sie in den Augen anderer wirken. Dann sind sie bereit für die Heilung und müssen selbst nach Ganzheit streben, wie es ihre älteren und höher entwickelten Brüder, Schwestern, Helfer und Gefährten bereits vollbracht haben.
Sei heute dazu aufgefordert, einen dritten Faktor einzubringen, der *entschiedene Selbstbeherrschung* genannt werden soll. Reflektiere häufig während Deiner Andachtsübungen über die Notwendigkeit, die Kreativität Deines eigenen Verstandes, sowie all die Bewußtseinskräfte, die Dein Wesen ausmachen, einem höheren und kreativen Willen zu unterstellen.
Bist Du erst einmal geschult, ist es leicht, friedfertig, liebevoll, nachsichtig und aufbauend anderen gegenüber zu sein. Aber dies allein verleiht Dir noch keinen Schutz. Du mußt aus dem Zentrum Deines Wesens heraus, aus eigener freier Willensentscheidung, nach einer konstruktiven, motivierenden, energeti-

sierenden und strahlenden Idee streben, die als Dein Leitbild wirkt und Dir hilft, die abschirmenden Kräfte zu sammeln, derer Du für einen vertieften göttlichen Schutz bedarfst. Gestatte es niemals einem anderen, es sei denn, er befindet sich bereits auf einer höheren Entwicklungsstufe, Dich aus Deinem Zentrum heraus zu beeinflussen. Halte Dich immer an den folgenden Leitspruch: *"Mein Leben und meine Lebensumstände unterliegen meiner Willensentscheidung. Meine Entscheidungen stehen den Unterweisungen und der Obhut Gottes, als dem Höchsten, offen. Eingedenk dieser Eigenverantwortung und Selbstbestimmung sende ich in jede Zelle, jeden Körper und jeden Bereich meines Wesesn meinen Willensimpuls, den Willen Gottes, für mein unbehindertes Wachstum."* Umschreibe Sätze wie diesen mit Worten, die Deinem eigenen Temperament und Deinen Bedürfnissen eher entsprechen. *Drücke die Erkenntnis aus, daß die Verantwortung bei Dir liegt und nichts, was trügerisch, herabziehend oder ängstigend ist, Dich beherrschen oder Deinem eigenen Wohlergehen entgegenwirken soll.* Natürlich kann dies nur in Ausnahmefällen auf alle Beziehungen angewendet werden. Entschiedene Selbstbeherrschung und aktiver Wille muß nur bei jenen Menschen verstärkt werden, die krank waren, damit ihre Aura energetisch zu einem klaren Strahlungszentrum wird und nicht passiv verharrt, wodurch sie durch den Vampirismus der Ängste, Anhänglichkeiten und Besitzansprüche jener verletzt werden kann, die sich noch nicht vollkommen dem inneren Leben hingegeben haben.

XII. Kapitel

# *Die Heilung der Welt*

*Jeder Jünger muß ein Werkzeug für die Heilung der Welt darstellen.*

*„Du, der Du Gott bist, sende Deine Kraft in Strömen und in konzentrierter Form aus in das Bewußtsein der gesamten Menschheit. Laß den Willen zum Frieden der Kompaß sein, der jeden Menschen und das Herz jeder Nation leitet. Schicke Deine Kraftströme voll rastloser, gewaltiger Aktivität in alle Gebiete, Völker, Regierungen und Menschen, die dem Licht der Weiterentwicklung der Bruderschaft entgegenstehen. Befähige die "gottesliebenden" und hoch motivierten Erdenbürger, zu Wächtern Deines Willens für einen dauerhaften und unzerstörbaren Frieden auf diesem ganzen Planeten zu werden. Dies geschehe im Namen des Herrn Christus, der voller Kraft auf der Erde gegenwärtig ist!"*

Es ist wichtig, Dir vom Verstand her darüber klar zu werden, was sich in den inneren Welten abspielt, und was mit dem Kampf hier auf Erden zwischen der Welt, die Gott verehrt, und der Ideologie des Kommunismus verknüpft ist. Bis heute hat sich dieser Kampf hauptsächlich auf der astralen und physischen Ebene abgespielt. Nun beginnen sich die beiden mächtigen Gegenspieler jedoch entschiedener gegenüberzutreten. Von nun an wird sich der Kampf auf der inneren Seite stärker als jemals zuvor in der mentalen Dimension abspielen.
In der Vergangenheit hat sich die Erkenntnis allmählich vertieft, wie scharf die beiden Parteien in ihrem Weltbild voneinander getrennt sind. Gegenwärtig muß sich nahezu jeder Erwachsene entscheiden und dann voller Entschlossenheit in den Reihen seiner Wahl wirken. Da sich der Kommunismus mit den dunklen Kräften oder dem linken Bewußtseinsstrom verbündet hat, ist es für jeden, der in irgendeiner Weise Gott anerkennt, wesentlich, als hingebungsvoller Kämpfer zu dienen, gewillt und erfahren darin, seinen individuellen Kampf mit dem Gegner auszu-

fechten. Dies bezieht sich auf die Notwendigkeit, die Methoden und Arbeitsweisen der inneren Ebenen umfassender und ausdauernder für Deine Aufgaben anzuwenden. Von nun an sollte es zum Gelübde jedes Menschen gehören, sich selbst stärker der Gemeinschaft Christi anzuschließen und danach zu streben, durch die göttliche Liebe konstruktive Mittel zur Ausrottung der Heimsuchungen der Dunkelheit zu verwenden.

Die Vorbereitung für Deine Vervollkommnung muß aus regelmäßigen, wirksamen und weisen Gebeten und Andachtsübungen bestehen. Indem Du einige der Schwächen der dunklen Angreifer erkennst, besitzt Du einen Informationsvorsprung und vermagst die Spitze Deines Angriffes mit Kraft zu erfüllen. Jene, die sich immer stärker der höchsten Realität Gottes zu öffnen vermögen, werden in hohem Maße durch die göttlichen Emanationen von den Ebenen des Einheitsbewußtseins her beeinflußt. Dieses unwillkürliche Element, das mit dem göttlichen Quell verbindet, setzt im Geist ein und wird gleichzeitig und gleichartig innerhalb der Seele mit allen ihren Ebenen, dem Astralkörper und seinem Bereich und den instinktiven Wesensgliedern hervorgerufen. Der Mensch würde den Engeln ähnlicher sein, wäre seine Sicherheit eher auf dieser Seite seiner Individualität ausgebildet.

Stattdessen haben die Menschen verstärkt ihre nach außen gerichteten Fähigkeiten kultiviert. Diese sind mit dem Willen, dem Verstand und dem physischen Körper verknüpft.

In den Momenten der Erleuchtung, wenn der Mensch eine Einheit mit dem Gottesbewußtsein bildet, befinden sich die sieben Wesensglieder des Menschen im Gleichklang. Die Angreifer, die die Gemeinschaft der Menschheit umgarnen wollen und nach einer Weltregierung streben, der gänzlich die Ausrichtung auf Gott fehlt, wirken hauptsächlich auf den Ebenen des Willens, des Verstandes und der physischen Kräfte. In diesen Bereichen liegt ihre größte Stärke, selbst wenn diejenigen, die auf der

Seite Gottes stehen und sich ihnen in den Weg stellen, die Fähigkeiten und Mittel des Selbst, die Einheit zu erringen, noch verstärken.
Solange die Heerscharen Gottes nicht auf allen Ebenen so stark sind wie ihre Gegener auf diesen drei Ebenen, wird ihre Arbeit enttäuschend bleiben, und sie werden diese nur gerade eben in Schach halten können. Jeder Helfer Gottes muß lernen, das Licht kreativen Widerstandes gegen die schwarzen Wogen der Gottlosigkeit in den Kampf zu schicken.
Jeder von Euch sollte ein lebhaftes Interesse daran haben, daß die Seite des Lichtes bei allen wichtigen Entscheidungen der Vereinten Nationen überwiegt. Die Regierungsgeschäfte und die Verhandlungen Deines Landes mit anderen Nationen sollten in Deine Übungen und innigsten Gebete einbezogen werden. Bitte vor jeder mittäglichen Andachtsübung, in der Du der Bedürfnisse der Welt gedenkst, darum, daß der Göttliche Geist, der in Deinem Innersten lebt, Deinen Willen und den Willen eines jeden, der auf der Seite des Lichtes steht, durch den wirksamen Willen zum Frieden mit ganzheitlicher und beherrschender Kraft erfüllen möge. Achte darauf, daß die Seele nicht nur Deinen eigenen Verstand, sondern auch den derjenigen, die mit Dir demselben Pfad dienen, mit ständig neuen, lebendigen und interessanten Gedanken erfüllt, die von Gottes Vertretern des Lichtes als Waffen verwendet werden können.
Laß gütige, reine und selbstlose Gefühle die Instinkte Deines eigenen Selbst und der Menschen aus der Welt um Dich herum beherrschen und anleiten. Betrachte dieses ganze Werk als eine Bemühung innerhalb der Gemeinschaft der gottliebenden Menschheit, deren Motivation darin besteht, die Dunkelheit auszulöschen und zu beherrschen, damit sich der Wille zum Frieden in jeder Regierung und in allen Völkern der Erde manifestieren möge.

Diejenigen, die sich bereit erklären, über ihr Gebet zur Heilung der Welt und der Errichtung eines Schutzmantels beizutragen, fragen oft danach, wie sie ihre individuellen Gebete am wirkungsvollsten gestalten können. Hier sind ein paar Vorschläge: Der Zeit Deiner Bereitschaft sollte ein Tag zur Erweckung Deiner Fähigkeiten, für die Sammlung Deiner spirituellen Energien vorausgehen – ein Tag, der der Einstellung auf ein Leben innerhalb der Gegenwart der Ewigkeit gewidmet ist.

Beginne, wenn Deine Gebetszeit anbricht, mit der Verehrung Christi. Begrüße ihn als den geistigen Wächter aller spirituellen Bemühungen und Errungenschaften. Bitte ihn darum, Unternehmungen wie diese für ein verstärktes Eindringen in seine Welt zu nutzen. Als nächstes wirst Du Dein Gebet der Anrufung des Christus-Geistes weihen, um diesen Planeten zu erfüllen. Dazu mußt Du Dir diesen Geist als ein strahlendes Licht vorstellen, das die einzelnen Teile der Materie oder die physischen Substanzen zu durchdringen vermag, um sie leuchtender zu machen und ihre Schwingung durch die spirituellen Frequenzen stärker anzuregen.

Drittens solltest Du Dich darauf konzentrieren, wie das Christuslicht den gewaltigen Körper der ganzen Menschheit durchstrahlt. Halte den Gedanken an diese mächtige Form für einige Minuten aufrecht, bis er Dir lieb und teuer wird. Du wirst Deine Arbeit eher anhand der Kontinente als auf die einzelnen Nationen bezogen ausführen, indem Du Dir die Völker der Erde für den Aspekt Christi, der als sein Geist bekannt ist, als empfänglich vorstellst. Wenn Du für die Völker jedes Kontinentes betest, wirst Du erkennen, daß diese die unterschiedlichsten Glaubensformen besitzen, seien sie nun religiöser oder politischer Art. Bitte darum, daß jene, die noch nicht von Christus wissen, die Liebeserfahrung machen dürfen, die in keinem anderen Glauben der Welt zu finden ist. Bitte für den Katholizismus, damit

die falschen Interpretationen wörtlich verstandener Lehren einer universelleren und umfassenderen Erkenntnis weichen mögen. Bitte darum, daß der Protestantismus – trotz seiner diversen Spaltungen - spirituell gesehen eine große Kraft in der Wahrnehmung des Herrn der Heerscharen darzustellen vermag. Erkenne die vielfältigen Formen der Lehre Christi, die, von der materiellsten angefangen bis hin zur esoterischsten, einer Läuterung und Aktivierung durch den lebendigen Christus-Geist bedürfen.
Stelle Dir daraufhin vor, die Regierungen der Welt seien offen für den Einfluß des planetarischen Logos zur Einheit der Welt, vermittelt durch den Herrn Christus. Genauso wie es für die Religionen wesentlich ist, ihre säkularen Grenzen aufzugeben, ist es wichtig, sogar unerläßlich, daß die Regierungen der Welt ihren starren Nationalismus beenden, um in ein neues Zeitalter wahrer Gemeinschaft auf der Grundlage spiritueller Bruderschaft einzutreten.
In Deiner Arbeit wirst Du darum bitten, daß die Kräfte – göttliche und himmlische – die in der Lage sind, die notwendigen Belebungen und Transformationen auszuführen, auf diese Weltenkörper einwirken werden, um es den Unterschieden nicht länger zu gestatten, als Trennung zu wirken. Strebe erneut danach, diese Erde und ihre Bevölkerung so tief zu lieben, daß Deine Seele Verbrechen, Krieg, Krankheit, Leiden und Mangel spürt. Nur dann bist Du durch Dein Mitgefühl und Deine Erkenntnis fähig, das siegreiche Christuslicht, auch als Geist Christi bekannt, herabzurufen, damit es Zutritt findet zu den Orten und Menschen auf Erden, in denen diese zerstörerischen Gegebenheiten besonders vorherrschen.
Als nächstes wirst Du, als einer aus der Gemeinschaft der Menschheit, der willig, bereit und empfänglich ist, dem Christuslicht in Dir zur Inkarnation verhelfen. Verharre dann in diesem Einklang, die unermeßliche Gegenwart anbetend. Du ver-

magst dies durch Deine mentalen und seelischen Prozesse als die alchemistische Kraft der Gottheit zu erkennen, die in Dein Wesen eintritt, um zu verfeinern, zu segnen, voranzutreiben und Trägheit aufzulösen. Du wirst erkennen, daß der Konflikt zwischen dem Drang des Geistes, unermüdlich aktiv zu sein, und dem irdisch-materiellen Wesen, das rebelliert und zu Wohlleben neigt, einen Pakt bilden, eine Einheit und Gemeinschaft, bei der dem höheren Kern des Geistes in Dir die Führerrolle zusteht.
Vollbringst du Deine Aufgabe vollständig und von der höchsten Ebene der Bestrebungen Deiner Seele her, wird Dir die mystische Erfahrung zuteil werden, in der die Meister fortwährend leben – ein bewußter und notwendiger Teil des Wachstums und der Segnungen der Menschheit zu sein.

Wenn Du betest, mußt Du in so vollkommener Harmonie mit den feurigen Strömen des Gebetes stehen, daß jedes Bitten, jedes Drängen, sogar jegliche innere Ungeduld Läuterung erfährt, wenn die richtige Form des Gebetes gewählt wird. Betest Du völlig im Einklang mit der Wahrnehmung der Gegenwart, die Du ansprichst, verbleibt keinerlei Mißhelligkeit oder Zweifel am Ergebnis Deiner Gebetsanstrengungen. Bei einem wirksamen Gebet bist Du Dir der sich daraus ergebenden Wirkung bewußt, Du stehst in ihrer Mitte und mußt weiter nichts tun, als die Kraft des Gebetes durch tägliche, wirkungsvolle Arbeit zu verstärken.

XIII. Kapitel

# *Erfahrungen nach dem Tod*

*Es vergeht kein Augenblick, ohne daß der goldene Strom der Ewigkeit Deine Lebenswelt berührt.*

Es ist ratsam für Dich, die Veränderungen zu verstehen, die nach dem Tode eintreten, damit Du schon in Deiner jetzigen Daseinsform einige der erforderlichen Bedingungen erfüllen kannst. Jene Menschen können sich glücklich schätzen, die die umfassenderen Lebensräume mit der Gewißheit betreten, bereits auf der Erde alles in ihrer Macht stehende getan zu haben, um dem göttlichen Plan zu dienen.

Der Sinn, Dir bestimmte Vorkommnisse mitzuteilen, liegt darin, daß Du auf diese Weise Deine Möglichkeiten erkennen kannst, die göttlichen Gesetze besser anzuwenden. Während des Todesprozesses, d.h. des Wechsels von einer Dimension in die andere, ist sich derjenige, der die Wandlung durchläuft, vollkommen der dynamischen Aspekte des Lichtes bewußt, das auf ihn gerichtet ist. Obgleich einige wenige oder bisweilen auch eine ganze Gruppe von Beobachtern Zeugen des Hinübergehens eines Menschen sind, wird ihre Nähe doch durch die strahlende, das ganze Spektrum umfassende Funkenspiel des befreienden Lichtes verschleiert. Dieses Licht bleibt in seiner klaren Ausrichtung gewöhnlich solange bestehen, bis die "Trauerfeier" abgeschlossen ist. Nach diesem Ereignis ist es dem Hinübergegangenen möglich, die neue Welt und deren Bewohner wahrzunehmen, die ihn umgeben. In den drei Tagen vor der Trauerfeier, in denen sein Körper ruhte, hat er in den geistigen Seen Läuterung und Stärkung erfahren. Gewöhnlich besitzt der Verstorbene keine bewußte Erinnerung daran. Die erste Erfahrung zwischen einem gerade Hinübergewechselten und denen, die ihn begrüßen, mag vielleicht in den Bildern und Schleiern bestehen, die zwischen ihm selbst und jenen liegen, die er erblickt. Er erkennt auch, daß die anderen nicht von diesen Bildern bedrängt werden. Nach und nach bemerkt er, daß diese Wesen nicht dasselbe wie er wahrnehmen. Zwischen den Geliebten und dem Betrachter selbst stehen astrale Substanzen, die durch die verzerrte, unrichtige oder übertriebene Meinung eines Menschen denen gegenüber gebildet wurden, die einst um ihn waren. Diese astralen Bilder können bisweilen armselig ausgeführten Masken ähneln, die in der Mitte zwischen dem Betrachter und denen stehen, die ihn lieben. Gelegentlich nehmen diese Substanzen auch die Form von Schleiern an oder hängen gar wie moosähnliche Substanzen in der Mitte zwischen beiden.

Niemand klärt ihn darüber auf, was es mit diesen verwirrenden Eindrücken auf sich hat. Nach und nach lernt er von den Quellen in seinem Inneren, daß es sich dabei um falsche Auffassungen und Vorurteile handelt, die er unberechtigterweise anderen Menschen gegenüber besaß. Die erste Lektion eines frisch 'Verstorbenen' besteht daher darin, sich langsam, ernsthaft und ohne Vorurteil darum zu bemühen, das wahre Wesen eines anderen zu erkennen.
Schließlich lösen sich diese Täuschungen auf, und der Betrachter entdeckt im Emotionalbereich eine stärkere Zuneigung und ein umfassenderes Spektrum der Wertschätzung, als er es jemals, aufgrund der Begrenzungen seines Bewußtseins, in der äußeren Welt erlebt hat.

Die zweite Entdeckung besteht in der Verwunderung, erfüllt mit Ehrfurcht, über die Schönheit und durchscheinende Klarheit der geliebten Menschen, Seelen und Gedanken. Jetzt endlich weiß das menschliche Wesen den Wert größerer Stille zu schätzen, denn diese befähigt ihn dazu, die wahren und edlen Eigenschaften seiner früheren Gefährten zu erkennen und weise zu beurteilen.

Ganz ähnlich hält es der Neueingetroffene, wenn er weiterschreitet, für das Beste, auch gegenüber den meisten anderen Dingen keine vorgefaßte Meinung zu hegen. Nachdem der einzelne die Freuden erneut aufgelebter Beziehungen tief in sich aufgenommen hat und dadurch spirituell inspiriert worden ist, daß er das Gute in jenen erkannt hat, die ihm vorausgegangen sind, verlangt es ihn nach neuen Herausforderungen. Diese zweite Periode umfaßt eine Zeitspanne, die in der dreidimensionalen Dimension Jahren entsprechen würde. Jeder verspürt die Belebung, die die neu gewonnene Freiheit mitsichbringt. Ihr entsprechend soll jedes Drängen, jede Neigung, jeder Wunsch und jede unerfüllte Sehnsucht bestärkt oder untersucht werden. Dies ist die Periode der Erkundung, vergleichbar mit Reisen in Deiner Welt der wissenschaftlichen Studien und erfinderischer Betätigungen. Der einzelne kann im gesamten Sonnensystem herumreisen, denn alle Planeten und ihre Sonne besitzen eine Verbindung in den inneren Dimensionen. Dieses neue Abenteuer hält Offenbarungen bereit, die die Erde nicht zu bieten vermag. Mit Ruhe und Eifer nimmt man aus einer tiefen Erkenntnis heraus den Sinn von Orten, Werten, Werken und sogar Entwicklungsmöglichkeiten wahr. Daher möchte der Betrachtende häufig erneut zu Landschaften und Gebieten seines eigenen Planeten zurückkehren, um nun den Platz zu studieren, den er zuvor nur mit oberflächlichen Maßstäben betrachtete. Er schätzt nun die neuen Farben und besonderen Eigenarten ab, die in den einzelnen Ländern, Gruppen oder Institutionen vorherrschen, die er erkunden möchte.
Immer wieder stellt sich mit Nachdruck ein Gedanke ein: *„Warum war ich nur auf Erden so blind, unsensibel und unbeweglich! Hätte ich mich nicht so sehr für mich selbst interessiert, hätte ich vielleicht eher dabei geholfen, das Einfließen dieser besonderen Kräfte in diese Gegenden oder dieses Arbeitszimmer zu unterstüzen."* Mit immer tieferer Empfänglichkeit verspürt der

Fragende den Wunsch, seinen zahlreichen Sehnsüchten nicht länger nachzugehen, sondern sich stattdessen ernsthaften und tiefgründigen Studien zu widmen. Dies führt ihn zu den "Hallen des Lernens". Verlangt es ihn nach einer bestimmten Information, mag er um Belehrung über ein Thema nachsuchen, welches etwa "Von der Erkenntnis zur Anwendung" lauten könnte. Allein sein Wunsch nach einem bestimmten Wissen wird ihn intuitiv zu der jeweiligen Gruppe und dem richtigen Lehrer führen, die gemeinsam für diese Information zuständig sind. Zeit spielt bei diesen Unterweisungen keine Rolle. Der Fragende mag daher für eine Zeitspanne, die in der dreidimensionalen Welt einigen Tagen entsprechen würde, an dieser einen Anleitung teilnehmen. In den höheren Welten gibt es keine mentale Ermüdung oder emotionale Spannung. Daher halten die Lehrer so lange an einem Thema fest, bis ihre Schüler die offenbarten Werte verstanden haben.

In den jeweiligen Schulungsräumen beobachten die Schüler erneut Bilder in ihrem Blickfeld und zwischen den Lehrern und sich selbst, wann immer das Thema fest eingefahrene Ideen des Lernenden berührt. Um die Bedeutung dieser Verdunkelungen wissend, hört der Fragende nun um so intensiver zu, und mit zunehmender Offenheit verschwinden die Bilder. In diesen Räumen erkennen die Fragenden, daß ihnen Unterweisungen auf mehr als einer Ebene zuteil werden. Einige dieser Schüler sind sich dessen bewußt, daß sie auf Erden eine viel intensivere Wandlung hätten durchmachen können oder viel mehr gelernt hätten, wenn sie wirklich und lauter zugehört hätten, ohne es dem eigenen Schatten zu gestatten, sich dazwischenzudrängen. Fasse Mut aufgrund dieser einfachen Einsichten, und widme Dich hier in Deiner menschlichen Form wohlbedacht der Aufgabe, ohne selbstauferlegte Beschränkungen Weisheit zu empfangen und die verströmende göttliche Liebe aufzunehmen. Betrachte alles ohne Vorurteil. Versuche andere so zu verstehen, wie sie sind, nicht so, wie Du sie Dir vorstellen möchtest oder Deine beschränkte Sicht sie Dir verzerrt darstellt. Besiegst Du bereits in der äußeren Dimension die Verdunkelungen, die die Beschränkten plagt, werden die königliche Weisheit und Schönheit wahrhaft Deine Erdenerfahrungen mit ihrem Lichterglanz umgeben.

XIV. Kapitel

# *Vorbereitung auf Festtage*

*Richte Deine Gedanken auf die Unendlichkeit des Geistes und sende Deine Gebete in seine Meere des Lichtes.*

Zu Zeiten spirituellen Umschwunges ist es stets hilfreich, sich voller Demut in Selbstverleugnung zu üben. Enthalte Dich daher während der sechsundvierzig Tage vor Ostern allem, was Dich physisch schädigt, und solcher Charakterzüge, die Deine Ostererfahrung verdunkeln würden. Vielleicht hast Du Dich so an eine gewisse Trägheit, eine egoistische Einstellung und ein Desinteresse anderen gegenüber gewöhnt, daß Du dies gar nicht mehr als Gefahr betrachtest. Arbeite in den sechsundvierzig Fastentagen an diesen Charakterzügen, damit diese Blockaden durch die starke Flut des Geistes fortgespült werden. Bist Du Deinen eigenen Fehlern gegenüber blind, bitte diejenigen, die Dich am besten kennen, liebevoll und ehrlich zu äußern, was Du ihrer Meinung nach zu überwinden lernen mußt.
Nimm den Vorschlag an, diese bedeutenden Tage vor dem großen Osterereignis einer vollkommenen und willigen Hingabe an das Werk des Herrn zu widmen. Als Anhänger des Christus solltest Du Deine eigenen durchlichteten Bemühungen seinem großen Plan weihen.

Konzentriere Dich im gesamten Verlauf dieses spirituellen Ereignisses auf den Herrn aller Religionen, die die Erde kennt, und weihe Dich ihm immer liebevoller, andächtiger und unmittelbarer. Diese umfassendere Würdigung des Christus, des Herren der Hierarchie, und die Gemeinschaft mit ihm werden eine verstärkte Wirkung auf Dein eigenes tieferes Dich-selbst-Schenken mitsichbringen.
Eine Möglichkeit, dem Plan Christi zu dienen, besteht darin, in der Fastenzeit alle Deine Gebete anderen zu widmen. Je nach Deiner Verfassung mag es erforderlich sein, darum zu bitten, daß Du zu einem durchlässigen Kanal werden mögest, sich Deine

Entwicklung verbessert oder sich Dein Mut und Deine Weisheit entfalten können. Dennoch wäre es vorzuziehen, diese sechsundvierzig Tage für das selbstlose Gebet und die Arbeit für andere Menschen zu nutzen, und sich nicht auf die eigene Entwicklung zu konzentrieren. Bis die Meisterschaft erreicht ist, ist es notwendig und segensreich, sich um die Befreiung vom Ego zu bemühen.

Bitte in der Fastenzeit alle zwei Stunden für die Bedürfnisse der Menschheit insgesamt. Bete während einer Deiner "Wachen" so intensiv, als läge die Bürde der Neubelebung des Menschen zum Teil auf Dir. Lege noch größere Liebe und noch intensiveres Gebet in Deine Worte, mit denen Du das Ewige ansprichst. Je mehr Du Deine Geschwister auf Erden liebst, um so umfassender werden die von Dir offenbarten Kräfte, durch welche die Gottheit die Menschen zu heilen und zu erleuchten sucht.
Zu einer anderen Zeit magst Du Dich jeden Tag mit neuem Enthusiasmus der Aufgabe zuwenden, für jene zu beten, die in einer schwierigen Phase ihrer Entwicklung Hilfe benötigen. Dies sollte auch Menschen einschließen, zu denen Du Dich nicht besonders hingezogen fühlst.
Zu wieder einer anderen Zeit magst Du in Deinen Gebeten darum bitten, daß die Strahlen und Frequenzen des Lichtes aus dem Reich der Engel in die Atmosphäre der Erde eindringen mögen, um bestimmten Gebieten der Welt, die der spirituellen Hilfe bedürfen, umfassende geistige Erneuerung zu gewähren.
Bringe alle Religionen der Welt vor die Aufmerksamkeit der Hierarchie, damit die Menschen aller Glaubensrichtungen innerlich in gegenseitigem Vertrauen und Respekt vereint werden. Rufe Dir in der letzten Andacht des Tages die sammelnden Kräfte der Osterzeit ins Gedächtnis. Verhilf diesen besonderen österlichen Strömen in Stille, voller Verehrung und Vertrauen dazu, der Menschheit ihren Beistand zu bringen. Meditiere über

die sich verströmenden Mysterien der Gottheit – die grenzenlose Herrlichkeit, die mit den ewigen göttlichen Strömen verbunden ist. Bete voller Ehrfurcht und Vertrauen: *„Laß die Osterzeit hereinbrechen! Laß ihre Strömungen die Spaltungen und den Kummer der Nationen und Völker heilen! Laß die Menschheit bereit sein, den steilen Pfad zum Gipfel ihrer Meisterschaft zu erklimmen!"*

Vor dem Weihnachtsfest, einem der bedeutendsten Tage des Jahres, bleiben Dir sechs wunderbare Wochen der Vorbereitung, während der Du Dich auf die richtige Weise auf das kommende Fest einstellen kannst. Tatsächlich haben die Adepten seit Urzeiten ihre Schüler aufgefordert, sich während dieser sechs Wochen besonderen Übungen zu unterziehen.

In der ersten Woche solltest Du Dich auf die wesentlichen Eigenschaften einstellen, die mit den initiatorischen Kräften dieses Festes der Wiedergeburt verbunden sind. Mit dem ersten Tag beginnend, solltest Du die ganze Woche den *Frieden* betonen.

Jeden Tag dieser Woche vermagst Du Dein Bestes zu geben, wenn Du kreativ und einfallsreich über die Eigenarten und Stärken des Friedens nachdenkst. Besinne Dich an diesem Tag auf den Frieden der Natur – den ruhigen Himmel, die Berge mit all ihrer Würde, den unbewegten Ozean oder eine klare Mondnacht. Finde selbst Deine Symbole des Friedens, und sei empfänglich für die aufbauenden Energien, die dieser Übung entspringen. Die Standhaftigkeit, die Kraft und die Ausgeglichenheit der Berge vermitteln eine dauerhafte Geduld, eine Geduld, die unermeßlich und tiefgreifend ist.

Am zweiten Tag könntest Du Dir friedfertige Menschen vor Augen halten, indem Du mit Christus beginnst und dann Deine Aufmerksamkeit den großen Seelen der Vergangenheit und der Gegenwart zuwendest, die diese bemerkenswerte Eigenschaft verkörpert haben. Zum Abschluß dieser Meditation könntest

Du die Worte wiederholen: *„Ich wünsche, die Quelle tiefen Friedens möge auch in mir Einzug halten, um mich zu einem Kanal fließenden Lichtes werden zu lassen."*
In diesen Worten liegt bereits die Idee für den dritten Tag Deines Bemühens. Erlaube es Deinen Gedanken an diesem Tag, die Bewußtseinshaltung zu überprüfen, die Du eingenommen hast, während Du Dich auf die große Quelle des Friedens eingestellt hast – auf den ewigen Geist, den wirkenden Gott, der sich in völliger Stille bewegt und mit äußerster Ernsthaftigkeit seine Schöpfungsarbeit vollzieht.
Besinne Dich am vierten Tag auf Dein eigenes inneres Zentrum des Friedens, welches seinen Anfang in Deinem eigenen Seelenselbst hat. Es wird eine Zeit kommen – wenn Du bereits ein vollendeter Meister bist – zu der Du vollständig durch den Adonai beeinflußt sein wirst, ein höherer Ausdruck Deines Wesens, der für den Frieden, die Energie, den Willen und die Intelligenz verantwortlich ist, die Dir natürlicherweise zur Verfügung stehen. Dies möge Dir als Weg dienen, über den Du voller Interesse und Ernsthaftigkeit den Ablauf Deiner erbauenden Gedanken täglich zu variieren vermagst. Weihnachten sollte allen Christen eine Fülle an Inspirationen schenken. Wenn Du Dich innerlich voller Vertrauen vorbereitest, indem Du diesen Anweisungen mit Hingabe folgst, wirst Du stets und überall bewußt überschattet und umhüllt sein.

Beginnend mit der zweiten Woche bieten sich Meditationen über die Eigenschaft der *Selbstbeherrschung* als passend für die Vorweihnachtszeit an. Suche wiederum nach Symbolen und Gedankenbildern, über die Du Deine besonderen inneren Tätigkeiten leiten kannst. Bemühe Dich, empfänglich für die spirituelle Führung von den höheren Bewußtseinsebenen zu sein. Erneut wirst Du die Bedeutungen und Werte kreativ in Deinem Herzen bewegen, die das Thema der *Selbstbeherrschung* für Dich beinhaltet. Vermerke Deine Eindrücke in zusammengefaßter Form in einem Notizbuch, das Du für diese Zwecke angelegt hast.

Wie in den anderen Wochen wirst Du Dir wünschen, Verständnisebenen in einer solchen Tiefe und einem solchen Umfang zu berühren, wie es Dir niemals zuvor möglich war. Diese Einsichten mußt Du in Deinen Meditationen und Deinem Verhalten umsetzen. Die dritte Woche soll Dich auf den Grundton der *Dankbarkeit* einstimmen.

Konzentriere Dich als nächstes auf *Freundlichkeit*, auf das göttliche Ziel, das mit dieser Eigenschaft verknüpft ist, und auch auf das Licht, welches Du ausstrahlst, wenn Du sie in Vollkommenheit zum Ausdruck bringst. Dann solltest Du Dich der *Ehrfurcht* zuwenden, die eine Betrachtung und aktive Umsetzung verdient. Setze in der Woche, die Du der Ehrfurcht widmest, an einem Tag all die kreativen Methoden wieder ein, die Du an den anderen Tagen zur Entfaltung oder als tatkräftigen Beitrag genutzt hast.

Meditiere in der sechsten Woche über eine *verherrlichte Liebe*, die alles einschließt, von einer durchdringenden Energie ist und sich dem Wohlergehen anderer weiht, um diese zu erheben und zu ermutigen.

Natürlich wirst Du Dich in den letzten beiden Wochen dieses sehr wichtigen sechswöchigen Zyklus besonders der inneren Führung der Menschheit widmen; gleichermaßen schenkst Du Deine Aufmerksamkeit dem großen Reich der Engel und erstreckst sie auf alle Bereiche dieser Ausdrucksform der Gottheit. Wende Dich meditativ der Menschheit zu, wie sie sich entfaltet und die Sakramente der *Heiligen Nacht* mit Freude aufnimmt. Stelle Dir in diesen letzten zwei Wochen auch vor, wie die Natur ihre Seele, ihr Zentrum der Empfänglichkeit, für die spirituellen Kräfte öffnet, die zu dieser Zeit aus den inneren Reichen ausgesandt werden.

Du solltest Dich sehr sorgfältig auf das Weihnachtsfest vorbereiten. Du vermagst dann die Aufladungen dieser bemerkenswerten heiligen Zeit klarer zu unterscheiden. Mußt Du Ausschmükken und Haushaltsvorbereitungen in den äußeren Ablauf des Festes mit einschließen, bemühe Dich, diese bereits mit dem Erntedankfest soweit als möglich zum Abschluß zu bringen, damit Du die innere Vorbereitungszeit auf das Weihnachtsfest bereits dann beginnen kannst. Gewöhnlich ist die Zeit vor Weihnachten viel zu geschäftig. Dies bringt Dich um den vollen Gebrauch Deiner inneren Fähigkeiten. Es ist besser, Deine Pflichten mit Weisheit und friedvoller Aufmerksamkeit zu erfüllen.
Jede geheiligte Jahreszeit verdient Deine innere Vorbereitung. Stärker und stärker entwickelt sich in Dir der Wunsch nach einem wahrhaft spirituellen Weihnachtsfest. Achte darauf, dieses Jahr Deine Feier spiritueller als jemals zuvor zu gestalten. Möchtest Du andere Menschen mit Geschenken beglücken, solltest Du diese an einem anderen Tag und nicht am Geburtstag des Herrn überreichen. Du mußt die wahre Bedeutung des Weihnachtsfestes erkennen, und dies vermagst Du nicht zu vollbringen, wenn Du Dich an diesem Tag nicht ausschließlich mit Christus beschäftigst und ihm diesen Tag vollständig weihst. Familientreffen und die Freude des Schenkens sollten erst am zweiten Weihnachtstag ihren Platz finden.
Das Weihnachtsfest sollte unbedingt an zwei Tagen begangen werden. Widme Dich am Heiligen Abend ganz der spirituellen Öffnung und der Verehrung, insbesondere während der Weihnachtsprozession um Mitternacht.(*) Am ersten Weihnachtstag solltest Du ganz in der Realität des Christus leben. Weihe jede Tat, jedes Wort und jede Vorstellung der universellen Gegenwart des Christuslichtes. Jedes Weihnachtsfest mag zu einer Reifezeit

---

*Siehe dazu: Flower A. Newhouse, Das Weihnachtsmysterium in geistiger Schau, Grafing 1987[3]

Deiner Bestrebungen werden, zu einer inneren Erntezeit. Bemühe Dich am ersten Weihnachtstag von zwölf Uhr mittags bis zum Zubettgehen darum, das Christuslicht nach außen zu tragen. Leite es durch Deine wohlwollende Einstellung jenen Menschen zu, denen bisher noch nicht die reiche Erkenntnis dieser transzendenten Realitäten zuteil wurde.
Vergiß niemals, daß auch Dir eine bestimmte Aufgabe zugedacht worden ist, und die Bruderschaft Dich bei den Herausforderungen, die Dir zuteil werden, ermutigt. Deine Vorlieben, Arbeiten und Freuden können nur dann in Schönheit erstrahlen, wenn Dir dies immer bewußt bleibt und vor allen anderen Verpflichtungen Vorrang hat.
Die Vorbereitungen für das heilige Weihnachtsfest bewegen auch die höheren Welten. Erinnere Dich daran, daß Eure Atmosphäre hauptsächlich durch das Reich der Engel aufgeladen wird. Die leuchtenden Wesenheiten versehen diese mit Inbrust und Begeisterung. Durch diese himmlischen Wesen, die so rein sind, daß es die Vorstellungskraft des Menschen übersteigt, fließt eine Energie, die sich in ihrer niedrigsten Schwingungsform als Gefühl, in ihrer höchsten als eine erhabene Verzückung äußert.
Bisweilen besuchen Dich höhere Wesenheiten, die von weit her kommen, um zu beobachten, wie der Tag der Geburt Christi auf Erden begangen wird. Es gibt nicht viele Planeten, die ein dem unseren ähnliches Leben beherbergen. Das Wort *viele* besitzt dabei eine relative Bedeutung, denn in fast jedem System gibt es mindestens zwei bis drei Planeten, die sich physisch manifestiert haben. Dagegen gibt es nur relativ wenige Planeten in jedem Sonnensystem, mit denen die innere Führung des Universums in Verbindung treten kann.
So statten edle und verehrungswürdige Wesenheiten Deiner Erde zu jedem Weihnachtsfest einen Besuch ab. Strebe danach, zusammen mit der gesamten Menschheit bereit zu sein für den

Empfang erhöhter spiritueller Energien – geöffnet, die kosmische Flut aufzunehmen, die unserem Planeten hochentwickelte Beobachter mit herrlichen Geschenken bringt.

Entdecke, während Du Dich auf den Geburtstag des Herrn vorbereitest, die innere Freude, die ein Geschenk begleitet, welches Du dem Christus, dem Herrn der Hierarchie, überreichst. Du magst dem Christus ein Versprechen geben, welches Du vom ersten Weihnachtstag bis zum Silvesterabend des nächsten Jahres jeden Augenblick umzusetzen versuchst. Du magst Dich aber auch der Entfaltung einer tieferen Hingabefähigkeit widmen, oder der Überwindung einer bereits erkannten Schwäche. Eine andere Wahl mag die Transformation der Wiedergeburt darstellen oder das Bestreben, anderen zu helfen. Bei all diesen Geschenken an Christus mußt Du Dein ganzes Wesen vollständig und selbstlos in deren Erfüllung bis zum nächsten Weihnachtsfest einbringen. Aus diesem Grund mußt Du Deine Gabe jeden Tag erneut kreativ aufgreifen und Dich in Ihrer Erfüllung üben. Die höchste Huldigung, die Du dem Herrn Christus darbringen kannst, ist eine Verehrung seines Geistes, indem Du diesen Geist *lebst.* Denke seine Gedanken, sei ehrfürchtig vor dem Quell seiner Realität, denn dann wirst Du seine Liebe und seine Freude mit Deinem ganzen Herzen erkennen.

XV. Kapitel

# *Stufen zur Erleuchtung*

*Möge Dir der innewohnende göttliche Geist eine Erneuerung des Lebens schenken.*

In wenigen Worten ausgedrückt, lassen sich die Einweihungsstufen zur Erleuchtung als jene beschreiben, die den physischen und die inneren Körper sowie das Empfindungsvermögen verfeinern, reinigen, disziplinieren und beleben. Aus diesem Grund wird Dir viel Arbeit abverlangt, um das anzunehmen, was zur Charakterentwicklung beiträgt. Deswegen mußt Du Deine Essensgewohnheiten und die Vergnügungen, denen Du Dich hingibst, überprüfen. Selbst Deine Sprache, deine Gesten, Deine Stimmlage, die Art und Weise Deines Ganges und die Ausrichtung Deiner Gedanken haben sehr großen Einfluß auf die Beschleunigung und Vollendung Deiner inneren Vorbereitung auf das am stärksten transformierende Ereignis auf der Erde.

Für uns besteht die wesentlichste Vorbedingung, anhand der wir die Bereitschaft des Anwärters oder des Schülers für einen weiteren Fortschritt abschätzen, darin, inwieweit er auf jeder Ebene auf dieses unermeßliche Geschehen vorbereitet ist. Wir beobachten oftmals Menschen auf Erden, die mental und spirituell für die Erleuchtung bereit sind, deren physischer und Astralkörper jedoch noch unvorbereitet sind. Bevor solche Kandidaten nicht lernen, verfeinernde, läuternde und spiritualisierende Willenskräfte in diese niederen Körper zu entsenden, werden sie nicht in der Lage sein, den Aufprall jener Schwingungen zu ertragen, die in der bedeutsamen Stunde ihrer Einweihung auf sie gerichtet werden.

Jeder, der bewußtes oder unmittelbares Wissen erfährt, wird intuitiv erkennen, daß er um eine umfassendere Selbstaufopferung, freiwillige Läuterung und vollkommene Selbstüberwindung kämpfen muß. Dieser Eindruck verstärkt sich noch, wenn sich der Anwärter, in den Momenten der Einstimmung, jener

Bereitschaft nähert, durch welche seine Körper die Fackel des intensivierten Lichtes verspüren können. Auf Erden fällt es uns schwer, selbst unter den am besten motivierten Anwärtern oder Schülern, den Willen zu erkennen, liebgewonnene Angewohnheiten aufzugeben und erkannte Schwächen abzulegen.
Um das geöffnete Tor in das Reich des Lichtes zu durchschreiten, reicht es für einen Mann oder eine Frau bisweilen, voll tiefster Hingabe "nein" zu einer Begierde zu sagen, oder "weiche für immer von mir" zu dem animalischen Magnetismus persönlicher Anziehungskraft, die ausschließlich auf den sinnlichen Anteil im Wesen eines Menschen bezogen ist.
Für ein paar Menschen, die ihre niedere Natur mit klarer Bestimmtheit beherrschen, verschließen eigensinniger Stolz und Egoismus auf den Emotional- und Mentalebenen das Tor zu den innersten Geheimnissen.
Für den erwachten Schüler gibt es keine Geheimnisse. Jeder einzelne muß jedoch für sich selbst erkunden, daß die Erleuchtung dann einsetzt, wenn die Atome jedes Bewußtseinskörpers bis zu einer bestimmten Intensität geläutert worden sind, damit die Initiation beginnen kann. Aus diesem Grund fordern wir jeden Schüler des Lichtes auf, seine Gefühle, Bestrebungen und Ehrerbietung auf das göttliche Licht zu richten. Du mußt das göttliche Licht mehr lieben als Dich selbst, als Deine Begierden, Deine materiellen Interessen und die Zwänge, die die Erde Dir auferlegt, bevor Du durch die Erleuchtung zu einem Bürger des Lichtreiches wirst.
Erinnere Dich vor allen Dingen daran, daß es der Schleier Deiner mangelnden Entscheidungskraft ist, der Dich vom Licht fernhält. Du bist unwillig, von unstetigen, vergänglichen und glitzernden Äußerlichkeiten zu lassen. Sie faszinieren Dich stärker als Deine abenteuerliche Reise ins Licht. Bei jenen, die sich auf die *Suche* begeben und den Sieg erringen, handelt es sich um Anwärter, die zu Jüngern werden, weil ihre Erwartung sie an-

treibt. Ihre Begeisterung hat sie bereits von all diesen Elementen, die sie an die Erde binden, geläutert, und so haben sie sich bis zu einem gewissen Grad aus den Ketten der Erde gelöst.
Jedes Ereignis kann die Erleuchtung herbeiführen – eine Krise, ein freiwilliges Opfer eines niederen Aspektes zugunsten eines höheren, eine selbstlose Tat, ein schöner Morgen im Zustand erhöhten Bewußtseins. Die Tat, das Motiv oder die Umstände, die die Kräfte der Erlösung auslösen, sind von unserem Standpunkt aus betrachtet weniger bedeutsam als die bewußte Erwartungshaltung und die innere Vorbereitung auf Seiten des Novizen.
Laß Dich nicht durch den notwendigen Eifer abschrecken, der zur Intensivierung Deiner Interessen, Deiner Andacht und Deiner Hingabefähigkeit notwendig ist. Weiterhin solltest Du auch Deine Arbeit für das Licht nicht als eine Last empfinden. Erblickt nicht auch das Kind erst nach neun Monaten, die die Mutter voller Geduld ausharren muß, unter Geburtswehen das Licht der Welt? Bildet sich nicht Deine zarteste Blüte immer und immer wieder an den Trieben einer Pflanze, die unter der wachsamen Sorgfalt des liebenden Gärtners genährt wurde? Die Freude über eine Blüte ist dabei wichtiger als die jahrelange Pflege der Pflanze. Genauso mußt Du Dir auch das Durchbrechen einer Grenze in eine andere Dimension vorstellen. Denke nur an das eigentliche Zutagetreten und erfülle Deine Seele mit Dankbarkeit für jegliche Eigenschaft, wie Selbstüberwindung oder Läuterung, die die Grenzen zu den neuen Welten und Bewußtseinshöhen niederreißen können.
Wiederholt beobachten wir die Auren der Anwärter und Jünger von unserer Ebene her, bis wir feststellen, daß jeder Körper, im Rahmen der individuell gegebenen Grenzen, soweit als möglich bereitet und geläutert worden ist. Dann warten wir auf die richtigen Umstände, sein Bewußtsein anzuheben. Gelegentlich führen wir eine Krise herbei, die ihn in einen äußerst empfänglichen Zustand versetzt. Im richtigen Moment, wenn alle seine

Körper eingestimmt und erwartungsvoll sind, senden wir einen starken, wärmenden Strahl der Erleuchtung in seine Aura. Jeder heißt dieses Licht mit höchster Freude willkommen. In unserer Welt sind bei der ersten Einweihung jeweils zwei Meister zusätzlich zum Schutzengel anwesend. Der Strahl der Erleuchtung wird durch bewußte Lenkung und Liebe vom Herrn aller Religionen dieses Planeten, dem Herrn Emmanuel, dem Christus, ausgesandt.
Bei der zweiten Einweihung erhält der Jünger direkt aus der Seele und der Liebeskraft des Herrn Emmanuel nicht nur den wärmenden Strom der Erleuchtung, er erfährt auch zum ersten Mal bewußt ein Eins-Sein mit dem Herrn der Welt, dessen Name, wie Du weißt, *Prinz der zahlreichen Sommer* oder *Sanat Kumara* ist, und der nicht von der Erde, sondern von der Venus stammt. Von ihm erhältst Du die Liebestaufe, die sich mit den starken Schwingungen des Wärmestrahls vermischt.
Während der vierten Einweihung wird der Jünger vom gesamten Rat der Meister gesegnet, denn schon bald soll er seinen Platz unter ihnen einnehmen, und sie wissen um die Beschwerlichkeit des Weges zwischen der vierten und fünften Stufe der Erleuchtung.
Bei der fünften Einweihung, der Meisterschaft, wird der Geist des weit entwickelten Eingeweihten nach Shamballa gebracht, wobei er diesen Ort bewußt sieht, hört und betritt. Dabei erblickt er nicht nur alle seine Brüder, die an diesem großen Ritual der Vollendung teilnehmen, er erfährt auch durch seine eigene Wahrnehmung, durch Eins-Sein, die neuen Aufgaben, die er vom Planetarischen Logos und dem mächtigen Strahl des Solaren Logos, der hinter diesem steht, erhält. Nun ist er zu einem Eingeweihten der Sonne geworden und untersteht nicht nur seinen älteren Brüdern und Schwestern, sondern auch seinem Höchsten Lehrer, für dessen Anweisung er sich zu jeder Zeit würdig erweisen muß – für die Anweisungen des verehrungs-

würdigen, majestätischen, allmächtigen Herrn und Logos Osiris, des Solaren Logos.
Die folgenden Worte solltest Du immer wieder abwägen. Der Unterschied zwischen Deiner Annahme oder Deiner Ablehnung des Lichtes beruht bisweilen nur auf einem Zurückblicken auf den Schatten, welchem Du bereits vor langer Zeit entwachsen sein solltest. Wisse, daß Du, indem Du das Licht erschaust, das erfahren wirst, was der Schatten oder all Deine blassen Träume Dir auch nicht im entferntesten vermitteln können – die Freude, die direkt der Quelle entspringt und höchstes und unauslöschliches Glück und Kraft des *Unendlichen Höchsten* zum Ausdruck bringt!
Bemühe dich. Habe Vertrauen. Erinnere Dich daran, daß Du sorgsamer beobachtet wirst als Du gedacht hast und in einer liebevolleren Gemeinschaft eingebunden bist, als Du es jemals zu hoffen wagtest.

Möge das nie verlöschende Licht und der nie versiegende Gesang innerer Freude für immer in Deinem Herzen und Deinem Wesen leben.